PROVENCE

«Sur le pont d'Avignon...»

D1678153

Text: Hans Eckart Rübesamen

INHALT

ISBN 3-87531-441-7

Die Brücke von Avignon (Pont Saint-Bénézet)

Einladung in die Provence

„In die Provence fahren Sie – wie schön! Aber Saint-Tropez ist ja wohl nicht mehr in?" Die Dame, die unsere Reisepläne derart kommentierte, machte uns unbeabsichtigt a) auf ein gängiges Mißverständnis, b) auf ein Definitionsproblem aufmerksam. Das Mißverständnis: Die Provence = Côte d'Azur = Küstenland und Badestrand! Das Definitionsproblem: Wo fängt die Provence an und wo hört sie auf?

So wären wir in schönster deutscher Manier schon dabei, unser Thema erst einmal zu definieren. Aber das muß tatsächlich sein. Denn die Provence ist ja eine historische Landschaft, deren Grenzen sich im Lauf der Jahrhunderte häufig verändert haben. Ob man nun die Grenzen der römischen *Provincia Gallia Narbonensis* hernimmt, die der mittelalterlichen Grafschaft oder die einer Provinz mit bestimmten Sonderrechten im Königreich Frankreich – ein Rest, der nicht aufgeht, bleibt immer! Und deshalb werden wir die Provence nicht auf ihre geschichtliche Vergangenheit festnageln, sondern nach ihrer gegenwärtigen Bedeutung als Reiseland und Urlaubsziel betrachten. Das heißt: was uns interessiert, beziehen wir ein, was nicht, bleibt weg! Einverstanden? Grenzen wir die Provence also ein:

Im Westen ist es am einfachsten. Da zieht das Rhônetal eine deutliche Grenze. Das Land auf der Westseite gehört – genaugenommen – nicht mehr zur Provence. Was uns keineswegs daran hindern soll, die Rhône zu überschreiten, wenn es angebracht scheint. Denn Nîmes ist so römisch wie Orange, die romanischen Portale von Saint-Gilles sind so schön wie die von Saint-Trophime in Arles und die Garigue blüht und duftet hier wie dort!

Pont du Gard

Im Süden sind die Verhältnisse gleichfalls eindeutig: Wo das Meer anfängt, hört die Provence auf! Jetzt aber müssen wir auf das eingangs erwähnte Mißverständnis zurückkommen. Wenn von der Provence die Rede ist, sollte man nicht in erster Linie an Badestrände denken. Da ist nämlich zunächst einmal das Rhône-Delta mit der Camargue: unzugängliche Lagunen und Salinen sowie ein großartiges Naturschutzgebiet (Betreten und Baden verboten!). Dann der Millionen-Ballungsraum Marseille mit den ausgedehnten Industriegebieten und -häfen bei Fos, am Étang de Berre. Schließlich die schwer zugänglichen Felsenküsten – die bekanntesten sind die Calanques – im Osten von Marseille und dann auch ein paar hübsche Badeorte, die zum Naherholungsbereich der Großstädte Marseille und Toulouse gehören.

Die eigentlichen Badeparadiese befinden sich jenseits dieses Küstenabschnitts: La Grande Motte und so weiter bis zur spanischen Grenze im Westen, die Côte des Maures und die Côte d'Azur im Osten. (Die beiden letzteren gehören größtenteils auch noch zur historischen Landschaft Provence. Doch wer sich über sie näher informieren will, sei auf den Urlaubsberater *Französische Mittelmeerküste* hingewiesen!)

Im Osten hat die Provence keine natürliche Grenze. Obgleich die alte Grafschaft, so wie sie 1481 an die französische Krone fiel, fast bis Nizza reichte, lassen wir sie viel früher aufhören. Mit dem Zeigefinger fahren wir auf der Landkarte eine Linie entlang: von Sisteron durch das Durance-Tal nach Süden etwa bis Mirabeau und von da aus an der Montagne Sainte-Victoire sowie am Massif de la Sainte-Baume vorbei nach Toulon ans Meer. Jenseits dieser (gedachten) Linie verliert die Provence sich in den Bergtälern der Alpen. Wir werden auch hier, wo es sich lohnt, vor Grenzüberschreitungen nicht zurückschrecken!

Auch an ihrer Nordseite ist die Provence ganz offen. Hier aber werden wir uns überhaupt nicht auf eine Grenzlinie festlegen, sondern unseren Lesern ein Spielchen vorschlagen, auf das wir uns immer schon freuen, wenn wir – von Lyon herkommend, doch nicht auf der Autobahn – in

Mont Ventoux

den Midi vorstoßen: Bestimmen Sie selbst, wo Sie die Provence beginnen lassen wollen! Dieses Spielchen endet möglicherweise jedesmal mit einem anderen Ergebnis.

Es beginnt, sobald wir – etwa auf der Höhe von Valence – den Drôme überquert haben. Zunächst sind es nur allgemeine Vorboten des Südens, die sich bemerkbar machen: Die Vegetation verändert sich, der dichte grüne Wiesenteppich über den Fluren löst sich auf, der Boden wird steiniger, schimmert hell und hart durch die Gräser. Doch was da wächst und blüht, wächst und blüht plötzlich mit ungewohnter Intensität. Die ersten Mandel-, wenig später die ersten Olivenbäume! Die Wälder werden lichter, das Laub wird luftig und durchlässig, bildet kein schützendes Dach mehr. Und wo war es, als wir zum ersten Mal wieder das flimmernde Licht der Provence bemerkten? Hatten wir da schon Zypressen gesichtet, Zikaden gehört, Kräuterduft geatmet? Bald schließen die Zypressen sich zu hohen dunklen Wänden zusammen, biegen sich im Winde – ach, der Mistral, der „Wolken-Jäger, Trübsal-Mörder, Himmels-Feger" (Nietzsche)! Wie lange wird er uns diesmal wieder begleiten und reizen? Die ersten Lavendelfelder, eine Schafherde zieht über die Weide, da ein Dorf mit dem typischen Uhrturm! Dornenreich greift das Macchiagestrüpp über den Straßenrand, Ginster blüht und ein primitives Kistenholzschild verkündet: Miel de lavende 150 m, Lavendelhonig!

Noch haben wir nicht auf die flachgedeckten Bauernhöfe im provenzalischen Stil – *mas* genannt – mit ihren Klosterziegeln, den kleinen Fenstern und den schattenspendenden Platanen auf der Südseite geachtet, auch noch nicht die derbe Sprache des Midi vernommen, über die sich die Franzosen aus dem Norden so gern lustig machen. Wir haben noch nicht den Boule-Spielern mit ihren eisernen Kugeln zugeschaut und noch keinen Pastis getrunken – da zeichnet sich aus dem blaßblauen Nachmittagshimmel der breite Rücken des *Mont Ventoux* vor uns ab. Und später als dort, wo man den Mont Ventoux zu Gesicht bekommt, kann man die Provence nicht beginnen lassen. Wir sind da!

Strukturen der Landschaft

Sie sind außerordentlich kontrastreich. Das breite Rhônetal wird auf seiner Ostseite von fruchtbaren, z.T. schon in der Römerzeit bewässerten Ebenen *(Tricastin, Venaissin, La petite Crau)* begleitet. Das Gebiet der unteren Rhône war ursprünglich eine Mittelmeerbucht, die etwa bis Donzère reichte, im Lauf der Jahrtausende aber allmählich mit Schwemmland aufgefüllt worden ist. So ist (später) auch die Sumpf- und Schwemmlandschaft der Camargue zwischen den beiden Flußarmen der *Kleinen* und der *Großen Rhône* entstanden, praktisch mit dem Rhône-Delta identisch. Sie wächst auch heute noch immer weiter ins Meer hinein. Längster provenzalischer Nebenfluß der Rhône ist die *Durance.* Sie mündete früher direkt ins Meer, während sie sich heute bei Avignon in die Rhône ergießt. Vom Rhônetal weg ziehen sich einige Gebirgszüge nach Osten, höchster Berg ist der Mont Ventoux (1909 m). Er senkt sich nach Süden zum zerklüfteten Plateau de Vaucluse. Parallel zu ihm verläuft weiter im Süden die Montagne du Lubéron (1125 m), der sich westlich die schon stark abgetragenen Alpilles (400 m) anschließen. Alle diese in Ost-West-Richtung verlaufenden Kalkzüge, zu denen man auch noch die Montagne de Sainte-Victoire bei Aix zählen muß, sind geologisch im Zusammenhang mit der Auffaltung der Pyrenäen im Tertiär – also vor ca. 60 Millionen Jahren – zu sehen, während die alpine Auffaltung, vorwiegend in Nord-Süd-Richtung, erst östlich der Durance wirksam wird (Voralpen).

Klima, Flora, Fauna

Die Provence – da denken in unseren Breiten die meisten merkwürdigerweise an ein Land des immerwährenden Frühlings, an milde Wärme, vielleicht noch an heiße Sommertage, wie sie Vincent van Gogh gemalt hat, so heiß, daß die Sonne flimmernd zu kreisen beginnt. Aber so vielfältig die provenzalische Landschaft, so vielfältig ist auch das Klima im Wechsel der Jahreszeiten. Und oft ist es überraschend anders, als es im Buche steht, auch in diesem.

Darauf immerhin kann man sich verlassen: Die Provence hat die höchsten Durchschnittstemperaturen in Frankreich (Nîmes gilt als die heißeste Stadt des Landes). Die Sommermonate sind sehr heiß und trocken, in der Ebene wie in den Bergen. In der Nähe des Meeres wird die Hitze gelegentlich durch eine leichte Brise gemildert. Kommt der Südwind aber von weiter her, kommt er aus den Wüstenregionen Nordafrikas – und man merkt's!

Ja, die Winde! In der Windmühle bei Fontvieille, in der Daudet die *Lettres de mon Moulin* geschrieben haben soll (aber nicht hat), kann man auf einer großen Windrosentafel 32 provenzalische Winde mit ihren provenzalischen Namen verzeichnet sehen! Die meisten von ihnen kennt auch der Provenzale von heute nicht mehr. Aber vom *Levant,* der den Regen bringt, vom westlichen *Tramontane* und vom *Mistral* natürlich kann man die Menschen noch reden hören.

Der Mistral ist nicht zufällig der bekannteste, denn er ist der am häufigsten und kräftigsten blasende Wind. Vom Nordwesten, vom Massif Central her kommend, fegt er die Wolken vom Himmel und eisig durch das Rhônetal nach Süden, daß die Zypressen und Pappeln sich biegen und die Temperatur bis um zehn Grad fällt. Es heißt, daß er seinen Kraftakt drei, sechs oder neun Tage durchhält. Wer ihm etwas Gutes nachsagen will, weist darauf hin, daß er die Mücken vertreibt und überhaupt recht gesund sein soll. Aber lästig ist er schon, wenn er an Fensterläden, Dachziegeln und Nerven rüttelt, Staubfahnen aufwirbelt, heult und jault und die Autos von der Straße zu drängen droht (Vorsicht, langsam fahren!).

Dort, wo die Provence sich den Alpen nähert, kann sie sich recht rauh gebärden. Nicht nur zur Winterszeit, wenn Frost und Schnee auch für länger hier einkehren, und nicht nur hoch oben auf dem fast 2000 m hohen Mont Ventoux, an dessen Nordseite der Schnee bis weit in den Mai hinein liegenbleibt. In unserem kleinen Hotel bei Manosque haben wir dankbar notiert, daß noch am 20. Mai die Heizung aufgedreht war – und das, nachdem wir am Tag zuvor zwischen Arles und Salon unter sengender Hitze geächzt hatten!

Gleichwohl ist der späte Frühling sicher die schönste Reisezeit für die Provence. In der Ebene ist es noch nicht so heiß, in den Bergen nicht mehr so kalt. Mit Ausnahme des Lavendels blüht alles, was nur blühen kann. Und die heftigen Gewitterregen, von denen man unterwegs bisweilen überrascht wird, wirken eigentlich nur wohltuend. Ähnlich schön ist es dann wieder im September, wenn die Natur einen tiefen Sommerschlaf hinter sich hat. Viele Pflanzen beginnen ein zweites Mal zu blühen; denn auch der Herbst ist warm und feucht in der Provence.

So abwechslungsreich und differenziert die landschaftliche Struktur der Provence, so vielfältig auch ihre Vegetation. Aber diese Vielfalt ist nicht ausschließlich naturgegeben. Seit 3000 Jahren kultivieren die Menschen das Land und formen damit auch sein Erscheinungsbild. Ölbaum und Weinstock sind von den phokäischen Griechen seinerzeit (s. S. 10) aus dem östlichen Mittelmeerraum eingeführt worden. Obstplantagen und Gemüsekulturen sind wesentlich jüngeren Datums, charakterisieren aber die fruchtbaren Ebenen um Apt, Cavaillon und Aix sowie den „Gemüsegarten" der Petite Crau nördlich der Alpilles ebenso wie die auffallenden Zypressenreihen, die zum Schutz der Kulturen vor dem ungebärdigen Mistral angepflanzt worden sind.

Der Mandelbaum wurde – wie der Feigenbaum – erst im 16. Jh. in Frankreich heimisch; er liefert heute in den Gegenden um Aix und Salon ansehnliche Ernten, und so bekommt man in diesen Städten auch köstliches Mandelgebäck. Die Reisfelder in der Camargue sind gar erst eine Errungenschaft des letzten Krieges. Zeitweilig deckten sie den gesamten Reisbedarf Frankreichs; doch sind die Erträge wieder rückläufig. Dagegen ist die Lavendelpflanze schon immer in der Provence heimisch gewesen. Die charakteristischen Lavendelkulturen, die vor allem auf den sonnenwarmen Kalkböden in Höhen über 700 m gedeihen, sind aber ein typisches Werk von Menschenhand. In den schnurgeraden Pflanzenreihen kann man besser mit Maschinen arbeiten. Erntezeit sind die Monate Juli und

August, gebietsweise auch noch September. Aus 3 kg Lavendelblüten lassen sich 40 g Essenz gewinnen.

Das Bild einer provenzalischen Stadt wäre unvollständig ohne die schattenspendenden Platanenalleen, deren berühmteste der *Cours Mirabeau* in Aix ist. Auch Landstraßen sind häufig von Platanen, Pappeln oder den aus Australien importierten Eukalyptusbäumen gesäumt.

Doch natürlich – und Gott sei Dank! – ist die Provence nicht ausschließlich eine vom Ordnungs- und Erwerbstrieb der Menschen geformte Kulturlandschaft. Da sind die großen, streckenweise wilden und unzugänglichen Regionen der Waldgebirge um den Mont Ventoux, den Lubéron, die Montagne de Lure, die Montagne Sainte-Victoire, das Massif de la Sainte-Baume, an denen sich die Vegetationsstufen ablesen lassen wie aus einem Lehrbuch: Bis 600 m reicht die mediterrane Zone des immergrünen Waldes und der *Macchia*, in der Kermeseichen, Erdbeerbäume, Wacholder, Efeu, Zistrosen, Mastixstrauch, Johannisbrotbaum, Phyllrea, Myrten, Baumheide, Ginster und Pistazienstrauch eine unauflösliche Pflanzengemeinschaft bilden.

Von 700 m an aufwärts breiten sich Wälder mit laubabwerfenden Bäumen aus, überwiegend Kastanien, Buchen und Steineichen. Sie gehen allmählich in Nadelwälder über, in denen Tanne, Fichte und Lärche alpine Atmosphäre verbreiten. Die Baumgrenze liegt zwischen 1800 und 2000 m – eine theoretische Angabe. Denn der einzige Berg, der diese Höhe erreicht, der Mont Ventoux, stellt sich von 1600 m aufwärts weithin als eine Steinwüste dar. Im sehr rauhen Gipfelklima gedeihen nur noch Flechten und Moose des Polarkreises.

Wo aber ein fast betäubender Duft die Luft erfüllt, so intensiv und aromatisch, wie ihn nur die Provence hervorbringen kann, da ist die *Garigue*. Diese wildwachsende Pflanzengesellschaft aus Dornsträuchern (Distel und Stechginster), Knollenpflanzen (Hyazinthen, Iris, auch Orchideen, Narzissen und Tulpen) und aromatischen Kräutern (Thymian, Rosmarin, Salbei, Fenchel, Majoran) wächst zumeist auf felsigem Kalkboden, ist also sehr verbreitet in der Provence. Bald wird man vielleicht sagen müssen: war sehr verbreitet. Denn trotz der bekannten landwirtschaftlichen Überproduktion in Frankreich und Europa wird der Garigue-Boden immer noch gerodet und abgebrannt, vor allem, um Weideflächen für die provenzalischen Schafherden zu schaffen. Aber noch duftet die Provence...

Was aber „kreucht und fleucht" in der Provence? Noch zu Anfang des Jahrhunderts sollen ganze Wolfsrudel im Lubéron-Gebirge gesichtet worden sein. Aber nicht nur sie sind längst ausgerottet worden. Auch anderes jagdbares Wild gibt es schon lange nicht mehr. Dafür haben die Landsleute des gewaltigen Jägers *Tartarin aus Tarascon* (nach dem Roman von Alphonse Daudet) gründlich gesorgt.

So bleibt als typisches Tier nur die Zikade, deren Zirpen in den höchsten Tönen zu einem sommerlichen Provence-Tag ebenso gehört wie der Duft der Garigue-Kräuter. – Ein Tierparadies eigener Art ist die Camargue mit ihren berühmten weißen Pferden und Kampfstierzuchten sowie den zahlreichen Vogelarten im Naturschutzgebiet.

Vor- und Frühgeschichte: Die Provence ist eine der ältesten Kulturlandschaften Europas. Höhlenmalereien aus der Mittel- und Jungsteinzeit, möglicherweise bis zu 30 000 Jahre alt, finden sich in einigen Höhlen rechts der Rhône, in den Départements Gard und Ardèche; sie sind allerdings der Allgemeinheit nicht zugänglich. Der Übergang von nomadisierenden Jägern und Hirten zu seßhaften Bauern liegt etwa drei Jahrtausende zurück. Als Ligurer ist dieses Bauernvolk von den Schriftstellern der Antike sozusagen in die Geschichte eingeführt worden. Die Ligurer waren offenbar friedfertige Leute, die sich später – im Lauf des 1. Jh. v. Chr. – den aus dem Norden vordringenden Kelten (= Galliern) wohl angepaßt und willig untergeordnet haben.

Kulturgeschichte: Vor allem auf dem Plateau de Vaucluse und an den Nordhängen des Lubéron findet man die typischen steinernen Hütten, meist über quadratischem oder kreisförmigem Grundriß ohne Mörtel errichtet. Sie haben nur einen großen Eingang, aber keine Fenster und keinen Rauchabzug; der Rauch entweicht durch die Ritzen zwischen den Steinen. Die ersten dieser sogenannten *Bories* datieren aus der Mitte des 2. Jh. v. Chr. Aber nur wenige sind so alt. Denn die Bories wurden praktisch unverändert bis in die Neuzeit gebaut, dienten da freilich nur noch als Geräteschuppen oder Ziegenställe. Ein als Freiluftmuseum angelegtes Bories-Dorf kann in der Nähe von Gordes besichtigt werden (s. S. 37). – Eine illyrische Fluchtburg hat man in den *Grotten von Calès*, unweit von Salon, entdeckt (s. S. 74).

Die Griechen: Schon zu ligurischer Zeit war die Provence Durchgangsland für Handelsleute, die auf dem Landweg von Italien nach Spanien oder rhôneaufwärts in Richtung Britannien zogen, dessen Zinnvorkommen in der Bronzezeit sehr begehrt waren. (Durchaus denkbar, daß britannisches Zinn zur Herstellung der Rüstungen und Waffen diente, die Homers Helden Achilleus und Odysseus getragen haben!) Jedenfalls hat man orientalische Tongefäße, Perlen aus Ägypten und Dolche aus Zypern in der Provence gefunden, die noch aus der Zeit stammen, bevor die Griechen hier Fuß faßten. Die Kostbarkeiten aus dem östlichen Mittelmeerraum sind von den Ligurern vermutlich gegen Salz, den großen Reichtum der Rhônemündung, eingetauscht worden.

Um 600 v. Chr. dann gründeten Griechen aus der kleinasiatischen Stadt Phokäa eine Kolonie in der Provence, die sie *Massilia* (Marseille) nannten. Sie waren nicht auf Eroberungen und Herrschaft aus, wollten nur Handel treiben und bemühten sich mit Erfolg um friedlich-freundliche Beziehungen zur ansässigen Bevölkerung. Der ersten Gründung

Borie

folgten weitere griechische Handelsniederlassungen; so in Hyères, Antibes (Antipolis), Nizza, Monaco.

„Die Phokäer milderten die Barbarei der Gallier und lehrten sie ein angenehmes Leben. Sie brachten ihnen bei, die Erde zu bebauen und ihre Städte mit Mauern zu umgeben, den Weinstock zu beschneiden und den Ölbaum zu pflanzen", berichtet ein römischer Geschichtsschreiber um die Zeitenwende. Auch Obst- und Nußbäume sind von den Griechen eingeführt worden, und Münzgeld tritt an die Stelle des Tauschhandels. Doch in dem Maße, in dem die kriegerischen Kelten immer weiter nach Süden vordrangen und anstatt der sanften Ligurer den Ton angaben, bekamen die griechischen Kolonialstädte zunehmende Schwierigkeiten. Massilia blieb schließlich nichts anderes übrig, als im Jahr 125 v. Chr. die Römer gegen die Kelten zu Hilfe zu rufen. Diese kamen schnell und gern, zerstörten die Hauptstadt der keltischen Saluvier – das *Oppidum Entremont* bei Aix (s. S. 80) – und blieben natürlich im Lande! Eine Zeitlang zwar blieb Massilia als eine mit Rom verbündete Republik noch selbständig, doch nachdem es im Bürgerkrieg zwischen Pompejus und Caesar die Partei des Verlierers ergriffen hatte, wurde es anno 49 v. Chr. von Caesars Legionen belagert und erobert.

Denkmäler: Die älteste Fundstätte aus der griechischen Vergangenheit der Provence geht merkwürdigerweise auf die Zeit vor der Gründung von Massilia zurück, was der Forschung eine harte Nuß zu knacken gegeben hat. Es ist die frühgriechische Siedlung *Mastramele* in der Nähe von Istres am *Étang de Berre*, gegründet vermutlich im 7. vorchristlichen Jahrhundert. Bei den Grabungen dort, die noch keineswegs beendet sind, hat man griechische Keramik und Münzen gefunden. Die Befestigungsmauer mit ihren kunstvoll behauenen Quadern

Glanum bei Saint-Rémy

stammt allerdings aus dem 4. oder 3. vorchristlichen Jahrhundert, als es schon notwendig geworden war, sich der aggressiven Kelten zu erwehren. Spuren friedlichen Zusammenlebens von Hellenen und Kelten kann man in den Ausgrabungen von *Glanum* bei *Saint-Rémy* sehen (s. S. 72). Einige phokäische Plastiken – Stelen mit Darstellungen der Göttin Artemis – sind im *Musée du Château Borély* in Marseille.

Die Kelten: Von ihnen war schon die Rede. Als Gallier sind die zahlreichen kriegerischen Stämme mit ihren vielen Namen jedem Lateinschüler aus Caesars *De bello Gallico*, dem berühmten „Gallischen Krieg", ein (nicht unbedingt erfreulicher) Begriff. Im Gebiet der heutigen Provence haben sich überwiegend die Stämme der Cavaren und Saluvier festgesetzt. Da die Kelten keine schriftliche Überlieferung kannten, müssen wir einen Großteil unserer Informationen über sie von römischen Schriftstellern beziehen, die sich nicht gerade durch großes Verständnis für dieses „Volk der Barbaren" auszeichneten. Barbaren – wörtlich genom men – sind „bärtige Männer"! Als besonders geheimnisvoll und unzugänglich für uns haben sich die religiösen Vorstellungen der Kelten erwiesen. Mit dem Hilferuf Massilias an Rom begannen die kriegerischen Auseinandersetzungen zwischen Römern und Galliern, die erst 75 Jahre später durch Caesars endgültigen Sieg beendet worden sind.

Denkmäler: Oberhalb von *Aix-en-Provence* befindet sich das *Oppidum Entremont,* religiöses und strategisches Zentrum der Saluvier (s. S. 80). Reste weiterer Heiligtümer sind bei *Roquepertuse,* ebenfalls in der Nähe von *Aix, Les Baux, Glanum* und *Eyguières* zu sehen. Hochinteressante plastische Kunst besitzen das *Granet-Museum* in Aix und das *Musée d'art païen* in Arles.

Augustus-Statue in Orange

Die Römer: Der Hilferuf aus Massilia kam den Römern sehr gelegen, da er ihnen die Chance bot, sich des äußerst wichtigen Landweges von Italien nach Spanien zu bemächtigen. In unmittelbarer Nähe von Entremont gründeten sie im Jahr 122 v. Chr. *Aquae Sextiae,* das heutige Aix (s. S. 76). Doch bald darauf schon hatten die römischen Legionen eine schwerere Bewährungsprobe zu bestehen: Aus dem Norden waren germanische Wandervölker – vor allem die *Kimbern* und *Teutonen* – in den Mittelmeerraum eingedrungen. Sie verbreiteten allerorten Furcht und Schrecken und brachten anno 105 bei Orange einem großen römischen Heer eine vernichtende Niederlage bei. Erst nachdem die Kimbern sich von den Teutonen getrennt hatten und ostwärts durch die Alpen abgezogen waren, konnte der bedeutende römische Feldherr Marius die Teutonen in der Schlacht bei *Aquae Sextiae* stoppen (102 v. Chr.). In dem gewaltigen Gemetzel am Fuß des Mont Sainte-Victoire sollen die Teutonen, römischen Berichten zufolge, über 100 000 Tote und ebenso viele Gefangene verloren haben!

Damit war, ungeachtet einiger Aufstände von gallischen Stämmen in den folgenden Jahren, die Römer-Herrschaft in Südfrankreich fest etabliert. Wegen der innerrömischen Bürgerkriege im 1. vorchristlichen Jahrhundert dauerte es aber noch Jahrzehnte, bis Kaiser Augustus zwischen 27 und 22 v. Chr. die *Provincia Gallia Narbonensis* mit der Hauptstadt Arelate (Arles) konstituieren konnte. Damit begann eine Jahrhunderte während Friedenszeit, die *Pax Romana,* die erst mit dem Zusammenbruch des Römischen Weltreiches im 5. Jh. enden sollte.

Denkmäler: Kein anderes Land außerhalb Italiens ist so römisch geprägt wie die Provence. Drei große Straßen erschlossen das Terrain: Die *Via Aurelia,* besagte Landverbindung zwischen Italien und Spanien, über Nizza, Fréjus, Aix, Salon, Tarascon, Nîmes; die *Via Domitia ,* eine Queralpenstraße, über Briançon, Sisteron, Cavaillon, Saint-Rémy (Glanum), Tarascon, Nîmes; die *Via Agrippa* schließlich als Nordsüdverbindung vom Hafenort Fos über Arles, Avignon, Orange und weiter in Richtung Lyon.

11

Zum Straßenbau gehören die Brücken. Erhalten sind der *Pont Julien* bei Apt und der *Pont Flavien* nahe dem Étang de Berre. In diesem Zusammenhang sind auch die Aquaedukte zu erwähnen, vor allem der berühmte *Pont du Gard* zwischen Avignon und Nîmes, aber auch der weniger gut erhaltene von Barbegal auf der Südseite der Alpilles.

Die römische Zentralverwaltung betrieb eine konsequente Siedlungspolitik. Sie gründete Städte in ihrer neuen Provinz und siedelte in ihnen ausgediente Legionäre an; so hatte Rom bei Bedarf immer eine schlagkräftige Heeresreserve zur Verfügung. Die Städte, aus befestigten Lagern an strategisch wichtigen Stellen entwickelt, wurden alle nach dem gleichen System von Befestigungsmauern, Toren und Straßen angelegt und boten möglichst jeglichen Komfort, den römische Bürger gewöhnt waren: Forum, Tempel, Arena, Theater, öffentliche Bäder mit umfangreichen hygienischen Anlagen. Die bedeutendsten Stadtgründungen neben Aix sind Arles, Nîmes und Orange. Bedeutende Ausgrabungsstätten aus römischer Zeit befinden sich in Vaison-la-Romaine (s. S. 30) und in Glanum (s. S. 72).

Spätantike, frühes Mittelalter: Im Jahr 313 erläßt Kaiser Konstantin der Große das Toleranzedikt von Mailand und legalisiert damit das Christentum im Römischen Reich. Doch bereits im 5. Jh. bricht unter dem ungebärdigen Ansturm der Germanenvölker die römische Herrschaft in Mittel- und Westeuropa zusammen. Vorübergehend setzen sich die Westgoten im Gebiet der Provence fest, dann gehört es einige Jahrzehnte lang zum Reich der Burgunder, das Anfang des 6. Jhs. von den fränkischen Merowingern erobert wird. Die Provence fällt damit an das Fränkische Reich, das sich nun vom Atlantik bis zum Mittelmeer erstreckt, dessen Könige im Süden aber zeitweilig nur nominell herrschen. Im 8. Jh. gelingt es dann den Karolingern – insbesondere Karl Martell und Karl dem Großen – wieder, die fränkische Herrschaft in der Provence durchzusetzen. Das schließt freilich nicht aus, daß die von Karl Martell zurückgeschlagenen Araber (Schlacht bei Tours und Poitiers, 732) noch zu wiederholten Malen in die Provence einfallen.

Denkmäler: Aus dieser Zeit, in der eine alte Zivilisation zugrunde ging und eine neue sich noch nicht bilden konnte, ist nur wenig Sichtbares erhalten geblieben. Fast alles aber gehört dem sakralen Bereich an. Der neue, christliche Geist bedient sich bedenkenlos der überkommenen, antiken Formensprache. Das läßt sich deutlich an den frühchristlichen Sarkophagen ablesen, z. B. in *Arles (Alyscamps, Musée d'art chrétien).* Eine sehr eindrucksvolle frühchristliche Taufkapelle kann man sich in *Venasque* (s. S. 37) aufschließen lassen, eine andere ist in der Kathedrale von *Aix* zu sehen.

Hohes Mittelalter: Im 9. Jh. zerfällt das Frankenreich der Karolinger. Im Teilungsvertrag von Verdun (843) wird es unter die drei Enkel Karls des Großen aufgeteilt. Die Provence, Burgund mit der Dauphiné und Lothringen fallen an Lothar I. In den folgenden Jahrhunderten wechseln Dynastien und Besitzverhältnisse so häufig, daß wir sie hier im einzelnen nicht aufführen können. Formell bleibt die Provence noch bis ins 14. Jh. unter der Oberhoheit des *Heiligen Römischen Reiches Deutscher Nation.* Aber de facto haben die deutschen Kaiser immer weniger zu sagen.

So können sich weitgehend unabhängige Landesherrschaften entwickeln, vor allem die Grafschaft Provence, die – später erweitert um die Grafschaften Venaissin und Forcalquier – etwa das Gebiet der heutigen Départements Var, Bouches du

Rhône und Vaucluse einnimmt. Andererseits erkämpfen sich die größeren Städte – Marseille, Arles, Avignon, Tarascon – eine Art Autonomie mit konsularischer Selbstverwaltung nach dem Vorbild der italienischen Stadtstaaten.

Das 12. Jh. gilt als die Blütezeit der Troubadours, der provenzalischen Minnesänger, die dann auch den Minnesang und die höfische Epik in Deutschland stark beeinflußt haben. – Im Jahr 1178 läßt sich Kaiser Friedrich I. Barbarossa in Arles zum König von Burgund krönen. – Die von Albi ausgehende Sekte der Albigenser breitet sich in Südfrankreich stark aus. Sie wird von Rom als ketzerisch verfolgt, und die französische Krone nutzt die Gelegenheit, in den Albigenserkriegen (1209–1229) durch Verfolgung und Vernichtung der Ketzer ihre Stellung in Südfrankreich zu festigen. – Im Jahr 1248 tritt der französische König Ludwig IX. (der Heilige) den 6. Kreuzzug in der eigens zu diesem Zweck erbauten Hafenstadt Aigues-Mortes an.

Denkmäler: Die Bautätigkeit im 9. und 10. Jh. war gering. Die Araber bzw. sarazenische Seeräuber machten das Land immer noch unsicher; im Maurengebirge setzten sie sich bis ins 11. Jh. hinein fest – daher der Name: *Côte des Maures* (Mohrengebirge)! So ist es kein Zufall, daß die bedeutendsten Bauwerke der Zeit *Wehrkirchen* waren, z. B. in *Saintes-Maries-de-la-Mer* (s. S. 65) oder die ältesten Bauteile der 949 gegründeten Benediktiner-Abtei *Montmajour* (s. S. 58).

Mit dem 11. Jh. beginnt eine Zeit neuer, verstärkter Frömmigkeit. Es ist das Zeitalter der Pilgerzüge nach Santiago de Compostela in Spanien, der Kirchenreformen und Kreuzzüge. Damals überzog ganz Frankreich, wie es in einem alten Bericht heißt, „ein Mantel weißer Kirchen". Es entwickelte sich der romanische Stil. Romanische Architektur und Plastik kommt der naiven Frömmig-

Der berühmteste Troubadour:
Bernart de Ventadour (1130–1195)

keit, die unbedingt sehen und berühren will, mit ihrer Körperlichkeit, ihren Altären, Chorumgängen und Krypten entgegen. Überall im Lande wird der neue, deutlich ausgeprägte Stilwille sichtbar, an manchen unscheinbaren Kirchen vielleicht nur an einem reich geschmückten Portal, ein paar originellen Kapitellen, einem Fries oder einer Apsis. Zu den großen Kunstwerken der Romanik in der Provence gehören dagegen Portal und Kreuzgang von *Saint-Trophime* in *Arles*, der Kreuzgang von *Saint-Sauveur* in *Aix* (s. S. 78) und das Portal von *Saint-Gilles*.

Die bedeutendste kirchliche Reformbewegung des Mittelalters ging von *Bernhard von Clairvaux* aus, der Anfang des 12. Jhs. in Citeaux den *Zisterzienserorden* gründete. Bei seinem Tod gab es bereits 69 Zisterzienserklöster in Europa, insgesamt 742 waren es am Ausgang des Mittelalters. Drei von ihnen sind in der Provence zu sehen: Sénanque (s. S. 38), Silvacane (s. S. 40) und Le Thoronet. Ihnen allen gemeinsam sind die hohe technische Perfektion der Bauweise, die eindrucksvolle Schlichtheit der Ausstattung und die abgeschiedene, einsame Lage in Wald- oder Sumpfgebieten, die sie landwirtschaftlich zu kultivieren gelobt hatten.

In derselben Landschaft zur selben Zeit entstanden, trennen dennoch Welten das arbeits- und entbehrungsreiche Leben der Zisterziensermönche von dem der adeligen Fräulein und Troubadours an den provenzalischen *Liebeshöfen.* Hier pflegte man die bis zum letzten verfeinerte höfische Sitte in ritterlichen Turnieren, Sängerwettstreiten und im Minnedienst für Damen, die man verehren und anbeten, aber nicht gewinnen und besitzen durfte. Der bekannteste Liebeshof ist das Schloß von *Les Baux* , dessen Ruinen oberhalb des Ortes noch zu sehen sind (s. S. 70).

In Aix: Le Bon Roi René

Spätes Mittelalter: Im Jahr 1309 erzielte der französische König Philipp der Schöne einen großen politischen Erfolg: Er versprach dem Erzbischof von Bordeaux, der gern Papst werden wollte, jedoch den Streit der Parteien in Rom fürchtete, ihn zum Papst wählen zu lassen, wenn er Avignon zum Sitz des Heiligen Stuhles mache und gewisse Treueverpflichtungen gegenüber der französischen Krone eingehe. Der Erzbischof akzeptierte – und Avignon wurde für 70 Jahre „die Hauptstadt der christlichen Welt". Man sprach von der „babylonischen Gefangenschaft" des Papsttums. Jedenfalls war die Abhängigkeit, in welche sich die Päpste damit begeben hatten, beträchtlich. Sieben Heilige Väter haben in Avignon residiert. 1348 erwarb Papst Clemens VI. die Stadt für 80 000 Gulden von der Königin Johanna von Neapel, Gräfin der Provence. Die beiden letzten der sieben Päpste bemühten sich um die Rückführung des Papsttums nach Rom. Über diesen Bemühungen spaltete sich die Kirche in zwei Parteien, deren jede den Anspruch erhob, den Papst zu wählen. Es gab Päpste und Gegenpäpste – das berüchtigte Schisma, das endgültig erst auf dem Konzil von Konstanz im Jahr 1417 aufgehoben wurde.

Durch Heirat war die Grafschaft Provence unterdessen an das Haus Anjou gefallen: Beatrice, die Tochter des Grafen Raymond Bérenguer V. von Provence, hatte 1246 Karl von Anjou, den späteren König von Neapel, geehelicht. Damit hatte sich der französische Einfluß in der Provence weiter verstärkt. 1365 ließ sich zwar Kaiser Karl IV. in Arles noch zum König von Burgund krönen, doch bald darauf verzichtete er auf alle Rechte in Burgund, die damit an die französische Krone übergingen. Avignon allerdings und die Grafschaft Venaissin (etwa das heutige Département Vaucluse) blieben im Besitz des Kirchenstaates. Sie wurden erst im Lauf der Französischen Revolution im Jahr 1791 von Frankreich vereinnahmt.

Im Jahr 1434 wird René von Anjou, der als *Bon Roi René* in der Erinnerung der Franzosen fortlebt, Graf von Provence. Er regiert – abwechselnd in Aix und Tarascon – bis 1480 und beschert der Provence eine Art Goldenes Zeitalter. Angeblich hat er Seidenraupenzucht, Nelken und Muskatellertraube im Lande eingeführt. Aber auch als Förderer der Künste hat er sich betätigt (und darüber möglicherweise sein Königreich Neapel verloren). – Sein ihm nachfolgender Neffe Karl von Maine vermacht 1481, bevor er ohne Erben stirbt, die Provence testamentarisch der Krone von Frankreich. Seit 1486 ist die Provence offiziell mit dem französischen Staat vereinigt.

Denkmäler: Hier ist vor allem *Avignon* zu nennen mit dem Papstpalast, der mächtigen Stadtbefestigung und zahlreichen weiteren Erinnerungen an die Zeit der „babylonischen Gefangenschaft" (s. S. 41). – Die Burg in *Tarascon* ist im 15. Jh. unter König René ausgebaut worden, der hier gern Hof hielt und die Feier des Tarasque-Festes eingeführt hat (s. S. 68).

Die Neuzeit: Das Zeitalter, das wir so nennen, führte sich auch in der Provence nicht eben fortschrittlich ein. Die Waldenser, eine schon im 13. Jh. von Petrus Valdes aus Lyon gegründete Sekte, deren Anhänger sich zu Armut, Arbeit und einem sittenstrengen Leben verpflichtet und sich großenteils in den Dörfern des *Lubéron* angesiedelt hatten, werden durch König Franz I. zu Ketzern erklärt und zur Verfolgung freigegeben. 1545 findet ein blutiges und grausames Massaker statt, in dessen Verlauf an die 2000 Waldenser ermordet werden. Die Überlebenden werden als Galeerensklaven verkauft; eine kleine Schar konnte sich in die Bergtäler Piemonts und Savoyens retten. So sind „Ruhe und Ordnung" wiederhergestellt, die Kirche ist befriedigt, und der König von Frankreich hat gezeigt, wer der Herr im Hause der Provence ist! Fortan ist die Provence ein Land ohne eigene Geschichte. Im Jahr 1790 gliedert die Revolutionsregierung in Paris die Provence in die Départements Bouches-du-Rhône, Var und Basses Alpes; 1793 kommt die vorher päpstliche Grafschaft Venaissin als Département Vaucluse hinzu.

Denkmäler: Dem 16. Jh. mit seinen grausamen Menschenjagden (in Paris und anderen Regionen Frankreichs waren die Hugenotten deren Opfer) verdanken wir einige schöne Renaissance-Schlösser. Teils wurden diese damals neu errichtet, teils aus wehrhaften Burgen in feudale und vergleichsweise komfortable Adelssitze umgewandelt. Die meisten sind wieder verfallen, so Lacoste, das der Marquis de Sade zum Schauplatz seiner Orgien gemacht hatte. Andere haben noch rechtzeitig eine neue Bestimmung bekommen und sind entsprechend gut erhalten, so *Gordes* (s. S. 37) und *Lourmarin* (s. S. 40). – Der barocken Architektur und Stadtbaukunst sind die schönen Adelspalais am Cours Mirabeau in *Aix* (s. S. 77) sowie der Jardin de la Fontaine in *Nîmes* (s. S. 59) zuzuordnen.

Moderne Maler: Die Malerei ist in der Provence immer hinter den Werken der Architektur und Plastik zurückgetreten. Um so erstaunlicher die große Anziehungskraft auf die Maler während der vergangenen 100 Jahre! Den Anfang machte Vincent van Gogh, der in und um Arles seine eigene Motivwelt entdeckte. Paul Cézanne, Wegbereiter des Kubismus, wurde in Aix geboren und starb auch dort. Picasso liegt im Park des Schlosses Vauvenargues bei Aix begraben, Victor Vasarely hat in Gordes ein didaktisches Museum und in Aix eine Stiftung begründet. Nähme man noch die nahe Côte d'Azur hinzu, müßte man auch die Namen von Chagall, Matisse, Léger und wiederum Picasso nennen. Von den vielen weniger bekannten Malern, die in der Provence am Werke sind, ganz zu schweigen!

Provenzalische Sprache und Kultur

Seitdem selbst im zentralistischen Frankreich regionalistische Tendenzen von sich reden machen, wie z. B. in der Bretagne und im Baskenland, erinnert man sich auch in der Provence wieder der eigenen kulturellen Überlieferung. Dabei geht es vor allem um die Sprache. Altprovenzalisch bzw. Okzitanisch wurde im Mittelalter überall im Midi gesprochen, südlich etwa der Linie Bordeaux–Lyon, einer Art Gegenstück zur deutschen Mainlinie also. In der Dichtung der fahrenden Sänger des hohen Mittelalters, der Troubadours (s. S. 13), erreichte die provenzalische Sprache hohes, auch internationales Ansehen. Doch die französischen Könige förderten in dem Maße, in dem sie ihre Macht auf Südfrankreich ausdehnten, auch den kulturellen Zentralismus. (Nord-)Französisch wurde im 16. Jh. zur Amtssprache erklärt, provenzalisch sprach nur noch das „Volk".

Der provenzalische Dichter Frédéric *Mistral* bemühte sich in der zweiten Hälfte des vorigen Jahrhunderts, gemeinsam mit einigen gleichgesinnten Freunden, um eine Wiederbelebung von Sprache und Brauchtum seiner Heimat. Diese Bewegung nannte sich nach einem bekannten Volkslied *Felibrige.* Mit seinem Versepos *Mirèio* errang Mistral Weltruhm, allerdings erst nachdem es aus dem Provenzalischen ins Französische übersetzt worden war. Obgleich ihm 1904 der Nobelpreis für das Werk verliehen wurde, blieb der Felibrige-Bewegung eine anhaltende Wirkung versagt. An den Universitäten Aix-Marseille und Toulouse gibt es zwar Institute, in denen Provenzalisch bzw. Okzitanisch gelehrt wird. Doch zur Umgangssprache werden sie wohl nicht mehr werden. Die Plakate und Parolen in provenzalischer Sprache, die man heute gelegentlich sehen kann, sind eher als Ausdruck allgemeinen Protestes gegen den Pariser Zentralismus und die nordfranzösische „Arroganz" zu werten.

Die Provence heute

Als Tourist ist man in der Regel geneigt, Reiseziele wie die Provence vorwiegend als kulturelle und landschaftliche Attraktionen wahrzunehmen, allenfalls noch die Begegnung mit ihren Bewohnern einzubeziehen, sofern man sich ihr sprachlich gewachsen glaubt. Aktuelles wird, weil als störend oder häßlich empfunden, meist ausgeklammert. Ich meine aber, daß man sich durch derartige Enthaltsamkeit um eine wesentliche Chance bringt, Land und Leute wirklich kennenzulernen. An einigen Grundtatsachen kommt nämlich weder der eilige noch der schwärmerische Provence-Reisende vorbei.

Die Landflucht hat in Frankreich eine vergleichsweise lange Tradition. Vor allem im provenzalischen Bergland, wo Schafzucht und Lavendelkultur die Haupteinnahmequellen der Bevölkerung sind, wird man viele leerstehende und verfallene Häuser, ja ganze Dörfer entdecken. Sie wirken nur selten malerisch, eher deprimierend. Dörfer in günstiger und landschaftlich schöner Lage füllen sich neuerdings allmählich wieder: mit Stadtleuten, die sich hier ein Zweithaus oder eine Zweitwohnung einge-

Les Baux

richtet haben. Erfreulicherweise halten sich geschmackliche Entgleisungen dabei im Rahmen. Freilich wirken diese Dörfer dann leicht museal oder wie Theaterdekorationen für durchreisende Touristen. Paradefall für ein solches Theaterdorf ist das berühmte *Les Baux* (s. S. 70). Doch muß man zugeben, daß selbst Les Baux seine guten Seiten hat – vorausgesetzt, man besucht es zu Zeiten, wenn sich die Touristen hier nicht gegenseitig auf die Füße trampeln. Wer derlei Schönheitsoperationen ganz und gar nicht ertragen kann, wird noch genügend unberührte Dörfer finden, von denen – frei nach Brecht – nichts bleiben wird als der Wind, der durch die verfallenden Häuser zieht …

Die Landflucht hat auch eine Kehrseite: das explosionsartige Wachstum der Städte. Hier ist in erster Linie die Millionenstadt *Marseille* zu nennen mit ihrer Umgebung. Aber Marseille als alter und großer Meereshafen ist natürlich lange schon keine Idylle mehr. Doch selbst typische Mittelstädte wie *Avignon, Nîmes, Aix* fließen planlos auseinander und haben sich mit Vorstädten umgeben, denen auch der Gutwilligste nichts Positives abgewinnen kann.

Der Bevölkerungs- und Bauboom in den Städten des Midi hat eine Ursache, die mehr ins Gewicht fällt als die Landflucht: Mit der Unabhängigkeit Algeriens vom französischen Mutterland suchten viele Algerier französischen Ursprungs – die sogenannten *pieds-noirs* – eine neue Heimat und Existenz. Es lag nahe, daß sie sich im Süden Frankreichs ansiedelten, wo sie sich am leichtesten akklimatisieren konnten. Damit hat eine Entwicklung begonnen, über die nicht allerorten eitel Freude herrscht: Der prozentuale Anteil der ansässigen Provenzalen an der Gesamtbevölkerung der Region ist beträchtlich zurückgegangen. Es ist zu vermuten, daß er noch weiter zurückgehen wird. Denn die Neubürger aus Algerien sind es bislang noch gewöhnt, viele Kinder zu haben!

Fos-sur-Mer

Bevölkerungszuwachs bedeutet aber auch Bedarf an neuen Arbeitsplätzen. Die wirtschaftliche Infrastruktur der Provence hat sich in jüngster Vergangenheit sehr verändert!
Standortgebundene Industrien hatte es im Midi auch früher schon gegeben. Marseille-Seife, allen französischen Hausfrauen ein Begriff, ist ursprünglich aus Olivenöl, dann aus importierten tropischen Ölfrüchten produziert worden. *Grasse* (das allerdings nicht mehr zu unserem Gebiet gehört) ist traditionsreiches Zentrum der Parfum-Manufakturen mit den großen Namen. Bauxit, ein Grundbestandteil der Aluminiumherstellung, wurde zunächst in *Les Baux* abgebaut, das ihm seinen Namen gegeben hat. In *Salin-de-Giraud* und *Aigues-Mortes* wurde und wird Salz aus Meerwasser gewonnen; die Salzgärten dort decken etwa drei Viertel der gesamtfranzösischen Produktion. Und natürlich war *Marseille* schon immer Standort einer leistungsfähigen Werftindustrie. Zur standortgebundenen Industrie kann man in gewisser Weise auch die zahlreichen Wasserkraftwerke rechnen, die sich entlang der Rhône und der Durance wie Perlen an der Kette reihen. Ihnen haben sich neuerdings auch Atomkraftwerke – in *Pierrelatte* und *Marcoule* – zugesellt.
Aber das Stich- und Reizwort für die Industrialisierung der Provence heißt *Fos-sur-Mer*. Jahrelang war hier – zwischen Marseille und der Camargue – Europas größte Baustelle. Im nagelneuen Überseehafen können heute schon Tanker bis zu 500 000 Tonnen anlegen. Mehrere Raffinerien am Étang de Berre verarbeiten das hereinkommende Rohöl. Schwerindustrie hat sich angesiedelt, Stahlwerke vor allem, die vom Standortvorteil an der Küste profitieren wollen. Andere Industrien werden folgen. Das Schlagwort für dieses gigantische Projekt ist längst gefunden: Das Ruhrgebiet am Mittelmeer!

„Bis 1985 rechnet man mit 100 000 Arbeitsplätzen, die direkt oder indirekt vom Hafen und der Industriezone leben werden, d. h., die Bevölkerung der umliegenden Städte wird um 400 000 Personen zunehmen", heißt es in einem Bericht aus Fos. Aber auch von der Umweltgefährdung muß gesprochen werden. Die Verschmutzung des Mittelmeeres wird nur schwer zu vermeiden sein. Dagegen sind die Meinungen darüber, ob auch die Camargue und das Rhônetal in Mitleidenschaft gezogen werden, geteilt.

Unterwegs in der Provence

Wer die Provence kennenlernen will, sollte sich das Vergnügen machen, sie in aller Ruhe zu durchbummeln. Sicher, man kann sie sich auch von einem festen Standquartier aus erschließen. Dann ist es ratsam, eine der zentral gelegenen Städte als Aufenthalt zu wählen, Avignon, Arles oder Aix zum Beispiel. Das vor allem, wenn man nicht mit dem eigenen Wagen reist. Denn von den genannten Städten aus führen gute Busverbindungen in die nähere und weitere Umgebung. Oder man mietet einen Leihwagen für bestimmte Ausflüge, die mit den öffentlichen Verkehrsmitteln nicht durchzuführen sind.

Doch die schönste Art, die Provence kennenzulernen, scheint uns die des Autowanderns zu sein: von Ort zu Ort, von Tal zu Tal – und nicht zu perfekt geplant. Nun ist nicht jedem die Kunst der Improvisation gegeben: Manch einer fühlt sich – zumal im Ausland – nicht wohl, wenn er tagsüber nicht weiß, wo er am Abend sein müdes Haupt zur Ruhe betten soll. Planung und vorherige Zimmerreservierung ist insbesondere in der Hauptreisezeit – also während der französischen Sommerferien von Mitte Juli bis Ende August – dringend anzuraten. Doch wir haben ja schon darauf hingewiesen, daß die Hauptreisezeit keineswegs auch die schönste Reisezeit ist. Und dies eben nicht nur der Hitze, sondern auch der allgemeinen Fülle wegen – auf den Straßen wie in den Restaurants und Hotels.

Wenn Sie dagegen im Frühjahr oder Herbst unterwegs sind, können Sie es ruhig darauf ankommen lassen. Und das, so meinen wir, lohnt sich. Denn Sie gewinnen damit die Bewegungs- und Manövrierfähigkeit, die Sie brauchen, um die Reize Ihrer Reise voll auszuschöpfen. Die Provence ist so überaus reich an Schönem und Sehenswertem. Und da wäre es doch jammerschade, wenn Sie keine Zeit hätten für ein kleines romanisches Kirchlein mitten in der kräuterduftenden Garigue, für eine uralte Mühle, einen überraschenden Aussichtspunkt, eine verträumte Dorfidylle – nur weil das „Programm" es Ihnen diktiert.

Hoffentlich erwarten Sie in der Provence nicht den Stil und Komfort der internationalen Hotelketten. Die gibt es hier nämlich nicht. Häuser mit 100 und mehr Betten, Swimming-pool und Konferenzräumen sind sehr selten, abgesehen von Marseille und den Badeorten im benachbarten Languedoc, die aber nicht mehr zu unserem Gebiet gehören. Den harten Kern der französischen Hotellerie bildet nach wie vor der Familienbetrieb mittlerer Größe. Da steht oft noch der Patron an der Tür und macht die

Honneurs, während Madame bereits in der Küche wirkt (oder umgekehrt). Da hat man noch Zeit, sich über das Woher und Wohin der Gäste zu unterhalten wie auch über das Wetter und die schlechten Zeiten, die so schlecht auch wieder nicht sein können, betrachtet man den rosigen Teint des Wirtes und seinen *Embonpoint* – seine „Wohlbeleibtheit"!

Auch die Hotels in Frankreich sind moderner geworden. In vielen Zimmern wurden Bad oder Dusche und WC eingebaut (das Bidet war sowieso schon da), es gibt Leselampen, bei deren Schein man im Bett sogar lesen kann, und allgemein scheint eine große Matratzen-Erneuerungsaktion stattgefunden zu haben. Von ihrem *grand lit* allerdings, in dem Er und Sie sich unter einer Decke arrangieren müssen, auch wenn ihnen der Sinn gerade nicht danach steht, lassen die Franzosen nur sehr ungern. Zimmer mit Doppelbett oder zwei Einzelbetten sind klar in der Minderheit. Recht so! sagen wir. Denn wir sind ja schließlich nach Frankreich gereist und nicht nach Mannheim oder Hannover!

Wissen muß man freilich, daß die Hotels in der Provence sehr unterschiedlich verteilt sind. Verhältnismäßig gut bestückt sind die Städte, auch die Orte an den großen Straßen: Rhône-Autobahn, N 7, N 96 (Tal der Durance). Doch wer sich gern querfeldein durch die Landschaft schlägt – was wir nicht warm genug empfehlen können –, sollte damit rechnen, daß er länger suchen muß, bis er eine Unterkunft findet. Gute Hilfe dabei leistet der Hotel-Katalog *Logis de France et Auberges rurales.* Er erscheint jährlich und nennt überwiegend kleinere, familiäre Häuser auf dem Lande – genau das also, was wir in der Provence brauchen! Immer nützlich ist auch der rote *Guide Michelin*, obgleich seine Hotel-Liste recht lückenhaft ist. Dafür läßt er seine Sterne über auserwählten Restaurants leuchten …

Damit sind wir bei einem Thema, das kein Frankreich-Reisender ungestraft ignorieren kann: die französische Küche. Auch der Skeptiker, der ihre Qualität in Frage stellt, ist schon lange nicht mehr originell. Lassen wir es daher bei einer nüchternen Feststellung bewenden, die jeder bestätigen wird, der die Probe aufs Exempel gemacht hat: Man speist nirgendwo in der Welt angenehmer und besser als in Frankreich, insbesondere im einfachen, nicht prominenten Lokal auf dem Lande.

Erprobte Frankreich-Reisende pflegen täglich nur eine vollständige Mahlzeit zu sich zu nehmen, und zwar am Abend, nach des Tages Arbeit. Mittags beschränken sie sich auf einen Sandwich (der heißt jetzt auch in Frankreich so!), den man in den meisten Bars fertig bekommt und aus der Hand essen kann; dazu vielleicht ein Bier, ein Glas Wein, einen Kaffee. Das ist sozusagen die städtische Lösung. Die Alternative auf dem Lande ist reizvoller: das Picknick im Grünen! Dabei muß man sich nur rechtzeitig mit dem Nötigen versorgen, denn alle Geschäfte schließen über Mittag, und das Brot – *Flûte* oder *Baguette* – ist oft schon vorher ausverkauft, weil es nachmittags wieder frisch gebackenes gibt. Die Meinungen darüber, was „das Nötige" ist, mögen auseinandergehen. Wir erlauben uns dennoch, unseren in vielen Frankreich-Jahren bewährten Picknick-Speisezettel kurz zu skizzieren: Weißbrot (siehe oben!), ein Stückchen Pastete

Römer-Brücke bei Mane

und/oder Käse, frisches Obst der Jahreszeit, einen nicht zu schweren Rot-oder Roséwein, Mineralwasser.

Diese Kombination läßt sich sehr abwechslungsreich gestalten; denn bei den Pasteten und insbesondere den Käsen gibt es viele Variationsmöglichkeiten. Bleibt also nur noch die Suche nach dem richtigen Picknickplatz. Im Grünen soll er liegen, ruhig und schattig soll er sein, möglichst mit Aussicht, aber ohne Ameisen und Mücken. Gar nicht so einfach – aber er läßt sich finden. Nur etwas Geduld muß man haben. Die aber braucht man nicht etwa, weil es in der Provence so wenige solcher hübscher Fleckchen Erde gäbe – o nein! Das eigentliche Problem ist ein ganz anderes. Auch die Franzosen sind begeisterte Picknicker. Aber vor lauter Begeisterung lassen die meisten von ihnen hinterher alles liegen, was sie nicht mehr brauchen: Flaschen, Dosen, Plastiktüten, Zeitungen...

Wenn Sie im Hotel ankommen, wird man Sie wahrscheinlich fragen, ob Sie im Hause zu Abend essen wollen. Falls Sie nicht gerade den ganz großen Tip in der Umgebung entdeckt haben, sollten Sie das tun. Sie werden sicher keine Enttäuschung erleben!

Das Vergnügen am Essen steigert sich natürlich in dem Maße, in dem man den sprachlichen Anforderungen der Speisekarte – so es eine gibt – gewachsen ist. Allerdings ist die Terminologie der französischen Küche so vielfältig und differenziert, daß man auch mit guten Sprachkenntnissen häufig passen muß. Dann aber zögern Sie nicht – fragen Sie! Der Kellner wird sich die größte Mühe geben, Ihnen zu erklären, was Sie erwartet. Keinesfalls müssen Sie befürchten, daß Sie sich mit Ihrer Frage in seinen Augen blamieren und entsprechend arrogant abgefertigt werden. Wer sich für so wichtige Dinge wie die Komposition eines Menüs oder die Rezeptur eines Gerichtes interessiert, qualifiziert sich als kundiger und kultivierter Gast und wird entsprechend hoch geschätzt!

☒ Essen und Trinken

Mit Liebe und Sorgfalt wird hier nach wie vor gekocht, allen Nivellierungs- und Rationalisierungstendenzen zum Trotz! Sie, verehrte Leser, wissen, daß außerordentliche kulturelle und landschaftliche Erlebnisse Sie in der Provence erwarten – auch bei Tische, wenn Sie nicht achtlos in eine Touristenfalle oder Schnellgaststätte geraten sind (die es hier auch, aber selten gibt). In der provenzalischen Küche sind – wie in jeder guten Küche – Natur und Kultur eine glückliche Verbindung eingegangen. So auch in der Landschaft: den Ölbaum haben die Griechen vor zweieinhalb Jahrtausenden, ebenso wie den Weinstock, in der Provence eingeführt!

Die Olive gehört zu den Substanzen, die der provenzalischen Küche Charakter und Eigenart geben. Die provenzalischen Oliven sind verhältnismäßig klein, aber sehr fleischig. Auf den Wochenmärkten in den Städten kann man sehen, wie viele verschiedene Zubereitungsarten es gibt. Je nach Reifegrad ergeben sich ganz unterschiedliche Geschmacksnuancen – ein Erlebnis für den, der die Olive nur aus dem Martiniglas kennt! Als Vorspeise vor der Vorspeise – *amuse-gueule* – wird häufig die *Tapenade* angeboten, die man zu geröstetem Weißbrot ißt, auch provenzalischer Kaviar genannt: gestampftes Olivenmus, im eigenen Öl eingelegt und mit allen möglichen pikanten Ingredienzien – z.B. Anchovis und Kapern – angereichert.

Gekocht wird in der Provence nur mit Olivenöl; von Butter hält man hier überhaupt nichts. Je besser die Küche, um so höhere Ansprüche stellt sie an die Qualität des Öls. Am höchsten bewertet wird das reine, kalt gepreßte Jungfernöl, denn es ist besonders aromatisch und fruchtig.

Neben den Oliven gehört der Knoblauch zu den Grundsubstanzen der provenzalischen Küche. Eine Zeitlang schien er bedenklich auf dem Rückzug, denn bei den Mittel- und Nordeuropäern stand er in keinem guten Geruch. Doch heute gehört ein leichter Knoblauchduft fast schon zu den Statussymbolen eines deutschen Feinschmeckerrestaurants. Wobei anzumerken wäre, daß der provenzalische Knoblauch seit jeher sanfter im Geschmack gewesen ist als der nordfranzösische und daß man ihn zurückhaltend anwendet.

Der *Aïoli* ist eine mit Olivenöl angesetzte Knoblauchmayonnaise, die man gern zu kalten Vorspeisen oder zu einfachen Wildgerichten (Kaninchen) serviert. Mit Aïoli setzt man auch die Fischsuppe *Bourride* an, die einfachere und ursprünglichere Form der *Bouillabaisse*. Die in der Provence übliche freitägliche Fastenspeise ist ein Fischgericht, oft ein Stockfisch mit Gemüse, zu dem ebenfalls Knoblauchmayonnaise gereicht wird.

Provenzalische Kräuter sind mittlerweile ein begehrter Exportartikel und ein wenn auch vergängliches Mitbringsel von der Reise geworden: Thymian, Rosmarin, Salbei, Basilikum, Oregano, Fenchel und Wacholder! Gebratenes und Gegrilltes *aux herbes de Provence* gehört heute ebenfalls schon zum Programm eines jeden besseren Lokals in unseren Breiten. Kein Zweifel aber, daß die provenzalischen Kräuter an Ort und Stelle ihr bestes Aroma hergeben! Wem nicht das Wasser im Munde zusammenläuft, wenn er auf der Speisekarte *Poulet sauté aux aromates* (Gebratenes Huhn mit Kräutern) oder *Carré d'agneau au Romarin* (Lammrücken mit Rosmarin) liest, dem ist nicht zu helfen.

Gemüse sind in der provenzalischen Küche sehr beliebt, zumal die hier heimischen Artischocken, Auberginen, Gemüsekürbisse, Tomaten, Fenchel und Zucchini. Im Rhônetal wachsen übrigens auch Kartoffeln von bester Qualität. Populär sind die ursprünglich aus Nizza kommende *Soupe au pistou,* eine Gemüsesuppe mit Basilikum, die der italienischen Minestra ähnelt, sowie die *Ratatouille,* ein Gemüseeintopf mit Tomaten, Auberginen, Gemüsekürbissen und Paprikaschoten, den man als Hors-d'œuvre auch kalt essen kann.

Rindfleisch und Hammel- bzw. Lammfleisch sind in der südfranzösischen Küche häufiger vertreten als Kalb- und Schweinefleisch. Auch das Huhn gehört selbstverständlich in den provenzalischen Kochtopf. Typische Rindfleischgerichte sind der aus der Camargue kommende *Bœuf à la Gardiane* , ein mit Stierfleisch, Speck, Tomaten, Oliven und Rotwein zusammengekochter Eintopf, das Leibgericht der Stierhirten in der Camargue, und *Bœuf à l'estouffée,* ein Rinderschmorfleisch mit Speck und Weißwein.

Typische Gerichte aus Marseille: Die berühmte *Bouillabaisse,* ein Fischeintopf mit zahlreichen Variationen. Allein über die Frage, welche Fische hinein müssen und welche hinein können, läßt sich stundenlang streiten! Ferner *Pieds et Paquets* , ein deftiges Gericht mit langer Zubereitungszeit, in dem Lammkutteln und Hammelfüße die Hauptrolle spielen.

Ein großes Käseland ist die Provence nicht. Der typische Käse der Region wird immer ein Ziegenkäse sein. Am meisten verbreitet ist der *Fromage de chèvre sec* aus dem Departement Gard.

Um so üppiger geht es wieder bei den Desserts und Süßspeisen zu. Auf der Basis von Honig und Mandeln – an beidem mangelt es hier nicht – zaubern die Patissiers der Provence herrliche Sachen, z.B. viele verschiedene Nougat- und Krokantsorten, die köstlichen Mandeltörtchen – *Calissons* – von Aix oder die mit Mandelcreme gefüllte Frangipane-Torte. Kandierte Früchte gehören natürlich auch zu den Spezialitäten einer Region, in der es Erdbeeren, Kirschen, Aprikosen, Pfirsiche und Melonen im Überfluß gibt. Die Melonen von Cavaillon waren schon vor 100 Jahren berühmt, wie wir von Alexandre Dumas père wissen:

Eines Tages empfing ich ein Schreiben des Stadtrats von Cavaillon, der mir mitteilte, er richte eine Bibliothek ein und wolle sie aus den besten Büchern zusammenstellen, weshalb er mich bitte, ihm die zwei oder drei meiner Romane zu schicken, die ich selbst für die besten hielte. Ich aber habe fünf- bis sechshundert Bücher geschrieben und glaube, daß sie mir gleich viel bedeuten. So antwortete ich der Stadt Cavaillon, man dürfe nicht ausgerechnet den Verfasser zum Richter über die Vorzüge seiner Bücher machen. Ich fände alle meine Bücher gut, die Melonen von Cavaillon dagegen hervorragend. Demzufolge würde ich der Stadt Cavaillon eine vollständige Sammlung meiner Werke schicken, wenn sich der Stadtrat bereit fände, mir eine Leibrente von zwölf grünen Melonen zu bewilligen.

Postwendend kam die Antwort des Stadtrates: mein Antrag sei einstimmig genehmigt worden. So hatte ich denn eine Leibrente, aller Wahrscheinlichkeit nach die einzige, die ich je haben werde. Ich genieße sie nun seit zwölf Jahren, und ich darf feststellen, daß sie nicht ein einziges Mal ausgeblieben ist. Ich weiß nicht, ob der Stadtrat von Cavaillon seine Melonen freundlicherweise verliest und mir nur die seiner Meinung nach besten schickt; denn ich muß noch einmal sagen, daß ich nie etwas Frischeres, Saftigeres und Wohlschmeckenderes gegessen habe als meine Rente-Melonen. Und ich benutze diese Gelegenheit, um meinen guten Freunden in Cavaillon meinen herzlichen Dank zu sagen und zugleich ganz Europa darauf hinzuweisen, daß ihre Melonen die besten sind, die ich kenne.

Mit einem einfachen Landwein zu einem herzhaften Mahl ist man in den Landgasthäusern der Provence immer gut beraten. Kein Wirt wird das Vertrauen mißbrauchen, das man ihm beweist, wenn man seinen *Vin de la maison* bestellt.

Die Provence ist die Domäne der Rosé-Weine, die von König René von Anjou im 15. Jh. eingeführt worden sind. Die angesehensten Rosés kommen allerdings vom rechten Rhône-Ufer (im strengen Sinn nicht mehr Provence), aus dem Gebiet von *Tavel*. Direkt gegenüber am linken Ufer – zwischen Orange und Avignon – liegt *Châteauneuf-du-Pape* mit dem berühmtesten Gewächs der Provence, einem verhältnismäßig schweren, fülligen und kraftvollen Rotwein. Nicht ganz so renommiert, doch annähernd ebenbürtig ist der *Gigondas*, der an den Hängen der Dentelles de Montmirail wächst.

Die vorwiegend herben Weißweine kommen von der Küste, aus *Cassis* und *Bandol*, allerdings nur in kleinen Mengen. Bei Kennern beliebt sind die *Sandweine* aus der Camargue, die man seit einiger Zeit auch in Deutschland bekommt.

Provenzalischer Suppentopf *(Soupe aigo)*

Für 4 Personen: 1 Tasse Olivenöl, 5 Zwiebeln, 2 Stangen Porree, 5 Tomaten, 1 Fenchelknolle, Kräuterbündel – mit Thymian, Kerbel, Bohnenkraut, Liebstöckel –, 5 Kartoffeln, Salz, Pfeffer, Paprikapulver, Prise Safran, 2 Knoblauchzehen mit Salz zerdrückt, ½ geriebene Zitronenschale, 4 Eier.

Olivenöl erhitzen und zuerst die dünnen Zwiebelscheiben, dann die Porreescheiben anbräunen, danach die zerschnittenen Tomaten, Fenchelknolle, Kräuterbündel, Kartoffelwürfel und Wasser zugeben. Nach dem ersten Aufkochen die Gewürze, Knoblauch und Zitronenschale beifügen und alles garkochen lassen. Vier verlorene Eier in die Suppe geben – oder die Eier weich kochen, vorsichtig schälen und dann in die Suppe geben –, die jetzt nicht mehr kochen darf. Vor dem Servieren die Suppe mit gehackter Petersilie bestreuen. Die Suppe kann mit gekochten Rindfleischwürfeln angereichert werden.

▣ Provenzalische Feste

Das größte und berühmteste Ereignis im provenzalischen Festkalender dürfte die *Zigeuner-Wallfahrt* am 24. und 25. Mai sein. Aus allen Gegenden Frankreichs, zum Teil auch aus anderen europäischen Ländern, kommen die Zigeuner in ihren Sippen nach *Les Saintes-Maries-de-la-Mer* (s. S. 65), um den beiden Marien und ihrer Schutzpatronin Sara zu huldigen: „Vivent les Saintes Maries – Vive Sainte Sara!" Eine unerhört vitale, mitreißende, farbige Angelegenheit, wenn der Zug der Zigeuner, begleitet von den berittenen Gardiens der Camargue und trachtentragenden Arlesierinnen, mit der Statue der heiligen Sara singend und betend zum Meer zieht! Oder wenn – am Tage darauf – das Schiff mit den beiden Marien in einer weiteren Prozession zum Ufer getragen wird.

Doch niemand spricht von den zahllosen Touristen, die großenteils mit Bussen hierher transportiert wurden und nun ebenfalls mit von der Partie sind: schauend, gaffend und vor allem pausenlos fotografierend. Wir wollen niemandem ausreden, Zeuge dieses eindrucksvollen Festes zu sein. Aber man müßte ja nicht unbedingt im Bikini erscheinen, man müßte auch nicht unbedingt die Teilnehmer an der Wallfahrt mit der Fotolinse attackieren! Und vielleicht denken die Besucher auch einmal daran, daß die Zigeuner, deren „folkloristische" Darbietungen sie hier so begeistern, exakt dieselben sind, denen sie zu Hause nur mit größtem Mißtrauen begegnen.

Eine weitere Zigeuner-Prozession – im kleineren Rahmen, also nicht so überfremdet – findet an einem Sonntag gegen Ende Oktober statt.

Ebenfalls auf jahrhundertealte Tradition geht die *Weihnachtsfeier* der Hirten in *Les Baux* zurück. Die Hirten ziehen zur Mitternachtsmesse in die Kirche Saint-Vincent und bringen ein kleines Lamm als symbolisches Opfer dar – die sogenannte *Offrande.* Dazu erklingen provenzalische Weisen und Lieder. Auch hier ist es leider schon so, daß die Zahl der Neugierigen die der Andächtigen weit überschreitet.

Mit weniger gemischten Gefühlen können wir den Stierkämpfen beiwohnen, die in Arles und Nîmes, aber gelegentlich auch in anderen Orten veranstaltet werden. Die *Courses de Taureaux* werden entweder im bekannten spanischen Stil durchgeführt, wobei der Kampf mit dem Tod des Stiers zu enden hat, oder im provenzalischen Stil, für unser Empfinden eine erfreulichere Variante: Bei diesen *Courses à la cocarde* versuchen weißgekleidete junge Burschen – die *razeteurs* – dem Stier eine zwischen den Hörnern befestigte Kokarde sowie die beiderseits angebrachten Quasten zu entreißen. Da liegt dann nicht die düstere, todesahnende Stimmung über der Arena, sondern das Publikum geht mit wie bei einem sportlichen Wettkampf, es geht heiterer, legerer zu, und es darf auch gelacht werden. Die Stiere, die hier vorgeführt werden, sind gewiß nicht ungefährlich, sie sind temperamentvoll, angriffslustig und reagieren schnell. Die razeteurs müssen also etwas riskieren, wenn sie zum Erfolg kommen wollen. Mehr oder weniger schwere Verletzungen sind nicht selten.

Im Lauf des Sommers gehen viele Feste in der Provence über die Bühne, die wir in unserem Kalender nicht alle aufführen können. Zum Teil leben diese *Wein-, Lavendel-* und *Olivenbaumfeste, Fischerstechen* und *Erntedankfeiern* aus der Tradition, zum Teil hat man sie erst jetzt (wieder) eingeführt. Wer aufgeschlossen und kontaktfreudig ist, wird hier immer Gelegenheit finden, Menschen kennenzulernen, an die er gern zurückdenkt. Auch die Provence ist Frankreich! Man ißt und trinkt reichlich, tut des Guten aber nie zuviel. Wer sich einen Rausch ansäuft, kommt wahrscheinlich weither aus dem Norden; eine Schlägerei ist kaum vorstellbar.

Festivals

Und dann hätten wir noch etwas ganz anderes: die Festspiele in der Provence, die Festivals – wie man auch in Frankreich sagt – von Avignon, Aix und Orange. Es ist eine echte Sensation für das kulturelle Frankreich gewesen, als der junge Schauspieler und Regisseur Jean Vilar im Jahr 1947 seine ersten Theateraufführungen im spätgotischen Hof des Papstpalastes von *Avignon* inszenierte. Das erste Mal, daß in der Provinz etwas geschah, von dem auch *tout Paris* Kenntnis nehmen mußte! Bald schon wurde nicht mehr nur Theater gespielt: Ballett-Zyklen, Filmwochen, Kunstausstellungen und Konzerte wurden ins Programm aufgenommen; der Sommer von Avignon inspirierte das kulturelle Leben der Nation auf mannigfache Weise!

Nicht künstlerischem Äußerungstrieb, sondern einem prosaischen Gesetz verdanken die Musikfestspiele von *Aix* ihre Existenz. Das Gesetz forderte, Spielcasinos müßten einen erklecklichen Teil ihrer Einnahmen für kulturelle Zwecke zur Verfügung stellen. Aix hatte ein florierendes Casino und offenbar auch einen musikverständigen Casino-Direktor – seitdem gibt es das *Festival International de Musique* mit Opernaufführungen und Konzerten. Auf diesem Festival zeigt man sich gern mondän, was aber der durchweg hohen Qualität der Darbietungen nicht hinderlich ist.

Die einzige Festspielstadt mit ganz alter Tradition ist aber *Orange*. In seinem *Antiken Theater* sind schon vor 2000 Jahren lateinische Komödien aufgeführt worden und im Mittelalter die üblichen Mysterienspiele. Heute finden während der Sommermonate Gastspiele der *Comédie Française* und anderer renommierter Theatertruppen statt.

Zigeunerwallfahrt in Saintes-Maries-de-la-Mer

🗓 Festkalender

Ostersamstag–Ostermontag : Feria mit Stierkämpfen nach spanischer Art in Arles.

Ende April: Fest der Gardiens, der berittenen Stierhirten in der Camargue, in Arles; mit Prozession und Reiterspielen.

24./25. Mai: Zigeunerwallfahrt in Saintes-Maries-de-la-Mer; mit Prozession zum Meer.

Pfingsten: Feria mit Stierkämpfen nach spanischer Art in Nîmes.

24. Juni oder am Sonntag darauf: Johannesfest mit Johannesfeuer auf der Montagne Sainte-Victoire und in anderen Orten.

Letzter Sonntag im Juni: Fest der Tarasque in Tarascon.

Ende Juni–Ende September: Stierkämpfe nach spanischer und nach provenzalischer Art in Arles und Nîmes.

Ende Juni – Mitte August: Aufführungen im Antiken Theater von Arles.

9./10. Juli: Fest von Notre-Dame-de-Santé in Carpentras mit nächtlichem Corso.

14. Juli: Französischer Nationalfeiertag, wird in vielen Orten mit Tanz auf öffentlichen Plätzen, Musik und Feuerwerk gefeiert.

Mitte Juli – Mitte August : Theater-Festival in Avignon mit klassischen und avantgardistischen Aufführungen, Ballett, Konzerten und Filmfestspielen (1947 von Jean Vilar begründet).

Juli/August: Internationales Musik-Festival in Aix.

21./22. Juli: Fest der Maria Magdalena in Sainte-Baume; die Heilige ist die Schutzpatronin der Provence; Mitternachtsmesse; auch an vielen anderen Orten Veranstaltungen ihr zu Ehren.

Ende Juli–Anfang August: Freilichtspiele (Tragödien, Opern, Ballett) im Antiken Theater in Orange.

1. Sonntag im August: Lavendelfest in Digne.

15. August: „Carreto Ramado" in Saint-Rémy, eine Art Erntedankfest.

September : Fest des Olivenbaumes in Les Baux.

Ende November–Anfang Januar: Santon-Markt in Marseille, ähnlich in Arles; Santons sind buntgekleidete Krippenfiguren aus Ton, aber nur Randfiguren der biblischen Geschichte.

24. Dezember: Mitternachtsmesse der Hirten in Les Baux; provenzalische Weihnachtsfeiern auch an anderen Orten.

Gute Tips
für Sehenswertes
und
Köstliches

Die Provence ist ein Reiseland, dessen Reichtum man nicht in einem Urlaub ausschöpfen kann, auch beim zweiten und dritten Besuch nicht. Ebensowenig kann es dieser „Urlaubsberater". Er kann nur gute Tips geben, Anregungen und Hinweise, nach bestem Wissen und Gewissen ausgewählt, doch ohne Anspruch auf Vollständigkeit. Sie selbst, liebe Leser, müssen auch etwas dazu tun. Sie müssen Ihre Augen weit aufmachen, ja alle Ihre Sinne öffnen, um das sinnliche Erlebnis „Provence" erfassen und genießen zu können. Wenn Sie das tun, werden Sie vielleicht sogar Dinge entdecken, die noch niemand vor Ihnen entdeckt hat. Denn die Provence ist eine unerschöpfliche Landschaft, unerschöpflich auch an Überraschungen …

Vaison-la-Romaine

Durch das Rhônetal in die Provence

Wer aus Mitteleuropa anreist, fährt meistens auf der schnellen Rhônetal-Autobahn in die Provence. Die hat ihre Vorzüge, aber auch Nachteile: Sie vermittelt kaum einen Kontakt zu dem Land, durch das man fährt, und wer nicht rechtzeitig den Fuß vom Gaspedal nimmt, ist möglicherweise schon in Avignon, bevor er entdeckt, daß er schon tief in der Provence steckt. Wir schlagen deshalb als Alternative einen etwas umständlicheren, aber viel reizvolleren Anreiseweg vor. Diese Route läßt uns den Übergang von Mitteleuropa in die mediterrane Zone, den Wechsel der Düfte und Farben, der Vegetation, der Bauweise, des Menschenschlages aus erster Hand erleben. Wer so „durch die Hintertür" kommt, wird die Provence jedenfalls von einer besseren Seite kennenlernen als via Autobahn!

Die Anfahrt sieht etwa so aus: Wir verlassen die Autobahn in Vienne – eine alte Römerstadt, einen Aufenthalt wert – und fahren auf der beschaulichen D 538 über Baurepaire, Romans-sur-Isère, Chabeuil nach Crest am Drôme (104 km). Im Westen begleitet uns das unsichtbare Rhônetal, im Osten die Kette der Alpenvorberge. Weiter auf schöner, streckenweise ganz leerer Straße – immer noch die D 538 – über Bourdeaux und Dieulefit nach Nyons an der Eygues (68 km), wo uns mit ihren Düften die Provence empfängt. Nyons erfreut sich eines sehr milden Klimas und zieht deshalb viele Pensionäre an, die hier ihre offensichtlich nicht zu knapp bemessene Pension verzehren. Nach weiteren 16 km sind wir in Vaison-la-Romaine und damit voll in der Provence.

Vielleicht noch lohnender (und nicht länger) ist es, statt über Nyons über Valréas zu fahren, den altehrwürdigen Hauptort des Tricastin, wie die Enklave des Papstes genannt wird, weil der Avignon-Papst Johannes XXII. dieses kleine Territorium aus der damaligen Dauphiné herausgekauft hatte, um das päpstliche Hoheitsgebiet nach Norden abzusichern. Vor dem schönen Barockschloß, in dem alte Möbel und moderne Maler zu sehen sind, finden im Sommer historische Theaterspiele statt. Winklige Gassen, schöne alte Hotels, in der Umgebung die Weine der Côtes du Rhône, Spargel und Trüffel – da läßt sich's leben!

Altstadt von Vaison-la-Romaine   *Römisches Theater*

Vaison-la-Romaine 5000 E.

Vaison ist das nördliche Tor zur Provence, mehr noch: eine Perle unter den provenzalischen Städten. Hier endlich spürt man mit allen Sinnen, daß man angekommen ist! So muß es auch den Römern gegangen sein, die zunächst eine stämmige Brücke über den Ouvèze-Fluß bauten (etwa um Christi Geburt – sie ist dem beträchtlichen Verkehr noch heute gewachsen!) und sich dann auf dem rechten Ufer ansiedelten, gegenüber dem ligurisch-keltischen Oppidum auf dem Felshügel, das die Hauptstadt des Stammes der Voconen war.

Dank seiner schönen Lage, seines angenehmen Klimas und des fruchtbaren Bodens ringsum entwickelte sich *Vasio Vocontiorum* schnell zu einer blühenden, wohlhabenden Stadt, der es an keiner der Wohltaten der römischen Zivilisation mangelte. Das bezeugen die beiden bedeutenden Ausgrabungsstätten an der *Place du 11 Novembre*. Im *Quartier de Puymin* sind die Grabungen zunächst abgeschlossen. Wir finden hier ansehnliche Ruinen eines Patrizierhauses (mit Küche, WC und Bad), eines Säulenhofes, von Mehrparteien-Wohnhäusern, deren auffallend dicke Mauern auf eine beträchtliche

Höhe schließen lassen, und eines Nymphäums (Quellheiligtums). Ein Fußweg führt durch einen kleinen Tunnel zum Römischen Theater, das nur wenig kleiner ist als das in Arles oder Orange. Im sehenswerten Museum sind die bei den Grabungen gefundenen Kunst- und Gebrauchsgegenstände ausgestellt – sympathischerweise nur so viel, daß man sich vom alten Gestein nicht erschlagen fühlt!

Im *Quartier de la Villasse* auf der anderen Seite des Platzes sind die Ausgrabungen noch im Gange. Außer den Ruinen von zwei Patrizierhäusern kann man hier u.a. die gepflasterte und mit Gehsteigen versehene Hauptstraße erkennen, die auf die Brücke zuführt, ferner eine quer dazu verlaufende Ladenstraße, eine Basilika und eine *Hängende Gärten* genannte Gartenanlage. Es gehört nicht viel Phantasie dazu, sich vorzustellen, daß große Teile der Römerstadt hier unter Straßen, Plätzen und neueren Wohnhäusern begraben liegen und wahrscheinlich nie mehr oder nur durch Zufall noch einmal an die Oberfläche gelangen werden. Noch zur Römerzeit hatte sich eine ansehnliche Christengemeinde in Vaison gebildet; sogar zwei Konzile wurden hier abgehalten. Die einstige Kathedrale Notre-Dame-de-Nazareth, auf römischen Fundamenten errichtet, stammt aber entgegen früheren Annahmen erst aus dem 11.–13. Jh. Romanischen Geist spürt man auch im stillen Kreuzgang an der Nordseite, von dem aus man die blockartige Bauweise der Kirche und ihre ornamentalen Friese besonders gut sehen kann.

Zu einer neuen Blüte gelangte Vaison aber erst, als die Grafen von Toulouse – im Streit mit den Bischöfen von Vaison – eine Burg auf dem Hügel gegenüber der damaligen Stadt errichten ließen (12. Jh.). Die stolze Burgruine ist nur nach einer leichten Kletterpartie zu erreichen, doch der Blick von dort oben lohnt sich! Im Schutz der Burg entstand während der folgenden Jahrhunderte die heutige Altstadt, die *Haute Ville.* Mit ihr offenbart sich uns zum ersten Mal in der Provence der Widerspruch, mit dem wir leben müssen: Sie wäre längst in Trümmerstaub verfallen, hätte sie nicht die Vorliebe unserer Zeit für das Altertümliche zu neuem Leben erweckt. „Normale" Menschen wohnen kaum noch hier. Sie haben ihre baufälligen Häuser verlassen und sich neue, häßlichere am gegenüberliegenden Flußufer gebaut, sind sozusagen wieder zu ihren römischen Ursprüngen zurückgekehrt. Heute ist die *Haute Ville* ein Refugium für Menschen, die sich das Besondere leisten können oder wollen, für wohlhabende Zweitwohnungsbesitzer, die sich vielleicht nur zwei Monate im Frühjahr und einen im Herbst hier aufhalten, für Künstler und verwandte Branchen, für Galeristen und Restaurateure von Spezialitäten-Lokalen. Sie alle haben ihre Häuser stilvoll und mit Geschmack hergerichtet, haben aus dem Spannungsverhältnis von historischer Fassade und raffiniert-zeitgemäßem Interieur ästhetische Meisterstücke vollbracht. Unter diesem Aspekt die *Place du Vieux Marché* mit ihren Platanen und dem Brunnen zu erleben, ist ein ungetrübter Genuß.

 Le Beffroi, Hotel und Restaurant im historischen Rahmen.

 La Grasihado, einfaches, sehr gutes Stadtrestaurant.

A Ausflüge

Rund um und auf den Mont Ventoux

Wem der Wettergott gnädig ist, dem zeigt sich der Mont Ventoux schon von weit her: ein abgeplatteter vulkanischer Kegel, mächtig und gewaltig hoch, mitten in die Provence gesetzt, dabei noch nicht einmal die 2000-m-Grenze erreichend; Größe ist auch hier ein relativer Begriff! Der Mont Ventoux ist nun einmal der größte und höchste unter seinesgleichen weit und breit, der Symbol-Berg der Provence. Götter hat man auf ihm nicht angesiedelt, aber die Winde, an denen die Provence so reich ist, sind hier zu Hause – *mons ventuosus,* wußten schon die Römer. Petrarca hat ihn bestiegen anno 1336, nicht als erster, aber als erster über seine Bergtour berichtet, ein früher Vorläufer des Reinhold Messner:

Zuerst stand ich, durch einen ungewohnten Hauch der Luft und durch einen ganz freien Rundblick bewegt, einem Betäubten gleich. Ich blicke zurück, ganz nach unten: Wolken lagerten zu meinen Füßen, und schon sind mir Athos und Olymp weniger unglaublich geworden, da ich das, was ich über sie gehört und gelesen, auf einem Berg von geringerem Ruf zu sehen bekomme ...

Wer in der Provence gewesen ist, sollte sie auch vom Gipfel des Mont Ventoux aus gesehen haben. Nicht immer reicht der Blick so weit, wie

Mont Ventoux

ihn Petrarca und seine schwärmerischen Nacheiferer beschrieben haben: bis nach Italien und in die Pyrenäen hinüber, im Norden bis zum Montblanc, im Süden bis zum Golfe du Lion. Die besten Aussichten auf eine gute Aussicht hat man in den frühen Morgenstunden, bevor die Atmosphäre sich mit Dunst auffüllt, oder auch zur Zeit des Sonnenuntergangs; im Herbst und Winter ist sie allemal besser als im Sommer.

Die hier beschriebene Rundfahrt kann man leicht an einem Tag machen – oder auch so „halbieren", daß man tatsächlich in der Morgenfrühe auf dem Mont Ventoux steht:

Wir verlassen Vaison auf der *Route des Princes d'Orange* in östlicher Richtung. Hübsche Fahrt durch eine fruchtbare Landschaft; der Mont Ventoux bleibt immer im Blickfeld. Bei Cost verlassen wir die Straße der Prinzen, sollten aber zuvor noch den kurzen Abstecher nach *Buis-les-Baronnies* machen. Der kleine idyllische Ort mitten in den Bergen hat fast schon alpinen Charakter, schöne Arkaden am Marktplatz (16. Jh.), eine

Buis-les-Baronnies

Umgebung mit vielen guten Wandermöglichkeiten und – immerhin – „die bedeutendste Lavendel- und Lindenblütenmesse Europas". In den Mühlen von Buis wird ein besonders gutes Olivenöl produziert.

Von Cost weiter auf der landschaftlich schönen und abwechslungsreichen D 72 über den *Col de Fontaube* und den *Col des Aires*. Zwischen beiden Pässen großartiger Blick auf das Dorf *Brantes* mit dem Mont-Ventoux-Massiv im Hintergrund. Über

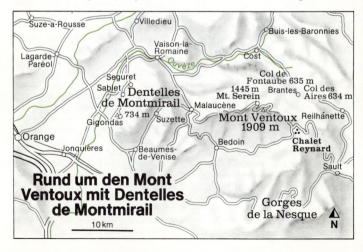

Brantes

Gipfel des Mont Ventoux

Reilhanette nach *Sault* (58 km ab Vaison). Das ist ein kleiner, verschlafener Ort in hübscher Terrassenlage am Westrand des Plateau de Vaucluse. Neben einer bescheidenen romanischen Kirche und einem ebensolchen Archäologischen Museum ist die einzige nennenswerte Sehenswürdigkeit hier das Etablissement *Bar Restaurant Hotel Promenade* am Ortseingang. Alles, was bei uns zulande einmal Prestige und Vornehmheit bedeutet hat, ist hier auf das kleinstmögliche Minimum reduziert – und dabei so liebenswert!

Von Sault wieder ein Abstecher: zur Schlucht *Gorges de la Nesque*, die sich tief in das Plateau de Vaucluse eingegraben hat. Man kann ihr auf der nach Carpentras führenden Straße folgen. Doch wir begnügen uns mit dem Blick vom Aussichtspunkt (11 km von Sault), kehren wieder um und biegen unterhalb von Sault ein in die zum Mont Ventoux führende Bergstraße.

Die Auffahrt hat streckenweise alpinen Charakter: Kalkgestein und Zirbenkiefern. Beim Chalet Reynard (1419 m), wo man auch übernachten kann, stehen ein paar Skilifte. Das Gelände zwischen ihnen wirkt so häßlich wie jedes Skigebiet im Sommer. Hier beginnt die Gipfelzone, ein kahler Schotterhaufen wie eine Mondlandschaft. Auch ein Wanderweg führt hinauf, doch er lohnt die Mühe nicht. Selbst passionierten Bergwanderern vergeht hier die Lust. Oben auf dem Gipfel (1909 m) kann man Petrarcas Empfindungen nur noch schwer nachvollziehen, denn er teilt das Schicksal fast aller exponierten Punkte, in erster Linie als Plattform für Radar-, Wetter- und Fernsehstation dienen zu müssen. Zu deutsch: es ist, von der Aussicht abgesehen, ziemlich schrecklich hier oben.

Wer dennoch zu einem Bergerlebnis kommen will und dafür an die zwei Stunden Zeit hat, dem sei eine Wanderung über den langgezogenen Westgrat empfohlen. Hier findet man noch stille Natur, Latschen und Lärchen, eine hochalpine Bergflora und gelegentlich die Losung von Bergziegen. Schöne Ausblicke in drei Himmelsrichtungen.

Wir könnten nun vom Gipfel auf der Westroute über das Feriendorf Mont Serein nach Malaucène hinunterfahren. Aber die reizvollere Strecke führt „vorne herum". Wir fahren also zunächst bis Chalet Reynard zurück und von hier aus sehr schön und aussichtsreich über Bedoin nach Malaucène (47 km ab Sault).

33

Notre-Dame-du-Grozeau

Dentelles de Montmirail

Malaucène ist ein hübscher kleiner Ferienort mit provenzalischer Atmosphäre, Schloß, Uhrturm und Kirche (14. Jh.). Nahebei, an der Straße zum Mont Ventoux, die *Source du Grozeau*, eine wohl schon von den Kelten verehrte Quelle, die von den Römern in Stein gefaßt und deren Wasser von ihnen über ein Aquaedukt nach Vaison geleitet wurde. Sehr beliebter Ausflugs- und Picknickplatz unter schattenspendenden Bäumen. – Die quadratische Kapelle Notre-Dame-du-Grozeau, Teil einer früheren Klosterkirche, stammt aus dem 12. Jh.

Dentelles de Montmirail

Wenn Sie schon in Malaucène sind bzw. in Vaison-la-Romaine, wo sich unsere Rundfahrt eigentlich erst vollendet, sollten Sie unbedingt auch die Dentelles de Montmirail kennenlernen. Das kleine Gebirge, westliche Fortsetzung des Mont-Ventoux-Massivs, erreicht nur eine Höhe bis zu 734 m (Mont Saint-Amand), wirkt aber durch seine vertikal geschichteten, stark erodierten Kalkfelsen, Kämme und Nadeln ausgesprochen alpin. Die Dentelles de Montmirail sind ein beliebtes Wandergebiet. In den Felsen kann man natürlich auch klettern.

Es gibt keine großen Sehenswürdigkeiten hier, aber wunderschöne und abwechslungsreiche landschaftliche Szenerien. Man kann von Vaison aus am West- und Südrand entlangfahren: über *Seguret*, das von einem Schloß gekrönt ist, Sablet und das für seinen exzellenten Rotwein berühmte *Gigondas* nach Beaumes-de-Venise. Wohl noch lohnender ist die Durchquerung der Dentelles: von Malaucène über das bezaubernd gelegene Suzette nach Beaumes; oder, bei Suzette abzweigend, auf streckenweise schlechter, aber romantischer Straße über den Col du Cairon nach Gigondas.

Seguret: La Table du Comtat, sehr gutes Landrestaurant mit Aussicht, auch einige Zimmer.

Der Westrand der Dentelles du Montmirail geht sanft in das Rhônetal über. In einer knappen halben Stunde ist man von hier aus in Orange; nach Avignon braucht man nicht viel länger.

Felsenkette von Mées

Durch die Alpen in die Provence

Solange die Autobahnverbindung durch die Schweiz und bis Grenoble nicht durchgehend ist, wird man für die Anreise durch die Alpen immer noch länger brauchen als für die Fahrt durch das Rhônetal. Wer dennoch die Alpenroute wählt (um dies und das am Wege mitzunehmen), erreicht 141 km hinter Grenoble – über die N 75 – das Städtchen *Sisteron* als nordöstliches Tor zur Provence. Das Tor ist wörtlich zu nehmen: Bei Sisteron zwängen sich Durance-Fluß und Straße durch eine schmale Talenge, die schon seit den Römerzeiten strategische Bedeutung hatte. Besonders Napoleon I. wurde dieses Nadelöhr nach seiner Flucht von Elba zum Schicksal: Nachdem ihn die Besatzung der Zitadelle, ohne einen Schuß abzugeben, hatte passieren lassen, stellte sich ihm auf seinem weiteren Marsch nach Paris kein ernst zu nehmendes Hindernis mehr in den Weg, er durfte noch einmal 100 Tage Kaiser sein – bis zum bitteren Ende von Waterloo und St. Helena.

Auf der Weiterfahrt durch das Tal der Durance – nun auf der N 85 – sehen wir nach der Einmündung des Bléone in die Durance links die Felskette der *Rochers de Mées*, etwa 100 m hohe Kieselkonglomerate, nach der Legende aber eine Gruppe wegen geiler Gedanken versteinerter Mönche! 6 km hinter Peyruis führt rechts eine kleine Bergstraße hinauf zum *Plateau de Ganagobie*, wo sich im 10. Jh. Benediktinermönche – immer schon ein einer Vorliebe für schöne Lagen! – angesiedelt haben. Die jetzt zu sehende romanische Klosterkirche entstand im 12. Jh. Die berühmten Mosaiken sind leider noch zur Restaurierung in Perigueux.

Auf dem Plateau kann man hübsche kleine Spaziergänge zu Aussichtspunkten mit herrlichem Blick auf das Durance-Tal und die Alpen dahinter machen.

Zurück ins Tal, das wir gleich darauf auf der D 12 in Richtung Forcalquier verlassen. Die Hauptstraße – jetzt N 96 – führt weiter über Manosque (s. S. 24) nach Aix-en-Provence, wo wir erst später ankommen werden (s. S. 76).

Zwischen Plateau de Vaucluse und Lubéron

Forcalquier ist Ausgangsort für unseren Abstecher in Richtung Westen, der uns bis Cavaillon und von da zurück nach Manosque führen wird.
Das geschäftige Städtchen mit unverfälscht provenzalischem Gehabe war im 12. Jh. die Hauptstadt der Haute-Provence, und die Grafen von Forcalquier hatten viel zu sagen im Lande. Die engen Altstadtgassen erinnern noch ein wenig an größere Zeiten. Doch vom Grafenschloß oben auf dem Hügel sind nur noch bescheidene Ruinenreste erhalten. Wir halten uns an die (wieder einmal) wunderschöne Aussicht!

Die romanische Kirche *Notre-Dame* (12. Jh.) und der *Couvent des Cordeliers*, ein 1236 geweihtes Franziskanerkloster, sind kunsthistorisch von einigem Interesse. Keinesfalls aber sollten Sie einen Besuch auf dem *Friedhof* versäumen, mit seinen Eibenhecken und Zypressenreihen einer der stimmungsvollsten, nicht nur in der Provence.

 Auberge Charambeau, Restaurant, auch einige Zimmer.

Von Forcalquier auf der N 100 nach Apt (42 km): eine sanfte, beschauliche Landschaft ohne aufregende Akzente begleitet uns, rechts das *Plateau de Vaucluse*, links der *Lubéron*. Wer sich noch zwei, drei Stunden zusätzlich bewilligen kann, sollte – nach Norden ausholend – das einsame, herbe Plateau auf kleinen, wenig befahrenen Straßen durchstreifen, etwa über Revest-des-Brousses, Camiol und Rustrel nach Apt. (In der Schlucht Colorade von Rustrel sind zahlreiche Ockersteinbrüche zu sehen; ein Spazierweg führt dorthin.)

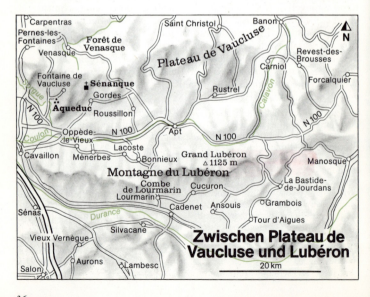

Zwischen Plateau de Vaucluse und Lubéron

Apt

Apt ist eine lebhafte Provinzstadt mit Industrie, Handel und hochwertiger Landwirtschaft. Aus der Umgebung kommen 80% der Ockerproduktion in Frankreich. In der Stadt interessiert uns vor allem die (ehemalige) Kathedrale *Sainte-Anne*, romanischen Ursprungs, aber in den folgenden Jahrhunderten wiederholt verändert und ergänzt. Im linken Seitenschiff ein sehr schöner Sarkophag aus dem 4. Jh. Wenn Sie Glück haben, erklärt Ihnen der deutsch sprechende Küster die zweistöckige Krypta, der untere Raum ist vermutlich karolingischer Herkunft, und den ansehnlichen Kirchenschatz.

4 km hinter Apt zweigt rechts die D 4 ab, die kurvenreich, aber schön durch den Forêt de Venasque und am bezaubernden Bergstädtchen *Venasque* (Baptisterium aus dem 6. Jh.!) vorbei nach Carpentras führt. Wir fahren aber nur wenige Kilometer bis zum Wegweiser, der uns die Straße nach Roussillon zeigt; auf dem Weg dorthin kommen wir an einigen Ockersteinbrüchen vorbei. Überall, auch auf den Hosenböden hübscher junger Frauen, leuchten uns nun in den unterschiedlichsten Tönungen die kräftigen Ockerfarben entgegen.

Roussillon, auf einem Hügel oberhalb der Hochebene gelegen, ist eine typische provenzalische Mini-Stadt, ehemals befestigt und mit einer Burgruine. Wir begnügen uns mit einem Bummel durch die engen, ansteigenden Gassen, einem Blick in die Runde vom Castrum aus und vielleicht – wenn es die rechte Stunde ist – mit einem Pastis in einem Straßencafé.

Gordes ist das Pendant zu Roussillon, jenseits der Hochebene, gleichfalls auf einem Hügel gelegen. Mittelpunkt von Gordes, das an der Wiederbelebung durch Touristen und zahlungskräftige Käufer alter

Krypta der Kathedrale von Apt

Domizile sichtbaren Anteil hat, ist das Schloß, ein Bau aus dem 16. Jh. mit bewegter Vergangenheit. Die allerdings interessiert hier weniger als seine neue Zweckbestimmung: der Selbstdarstellung des ungarischen Malers Victor de Vasarely (geb. 1908) zu dienen! Wie auch in der Vasarely-Stiftung in Aix (s. S. 80) werden die rund 1500 Vasarely-Werke des Museums in den Renaissance-Räumen des Schlosses hervorragend präsentiert.

Gordes

Sénanque

⊟ Hotel La Mayanelle, schönes kleines Hotel mit gutem Restaurant (Aussichtsterrasse).

✗ Les Bories (2 km nördlich Gordes), sehr gutes Restaurant inmitten der alten Steinhütten.

Les Mas Tourteron, im Quartier Les Imberts, an der alten Straße von Gordes nach Cavaillon, sehr gutes Restaurant in einem alten Landhaus, Nouvelle Cuisine.

Sénanque. Einsam in einem abgeschlossenen Talkessel, 4 km nördlich von Gordes, steht das Kloster Sénanque. Gegründet wurde es 1148 von den weißen Mönchen des Zisterzienserordens nach den Regeln des heiligen Bernhard, der strengste Abgeschiedenheit von allen menschlichen Siedlungen und nur die Nähe eines reinen, fließenden Wassers sowie urbar zu machendes Land forderte. Auch den kunsthistorisch nicht geschulten Betrachter wird die außerordentlich klare und einfache Bauweise, die strenge Harmonie, die stille Schönheit dieser Architektur tief beeindrucken.

Will man Sénanque richtig würdigen, muß man die Klosteranlage zunächst von außen auf sich wirken lassen. Dann erst sollte man sich den Details zuwenden: der Kirche ohne Türme und Portale, dem kreuzförmigen Grundriß mit betontem Querschiff, der das Querschiff überragenden Trompenkuppel. Von den Klostergebäuden sind zugänglich: der Kreuzgang, Kapitelsaal, Dormitorium, Refektorium und Wärmestube. – Die Zisterzienserklöster der Provence – neben Sénanque vor allem *Silvacane* im Süden des Lubéron – sind nicht spezifisch provenzalisch, die Bauregeln des heiligen Bernhard von Clairvaux galten in ganz Europa; aber sie gehören zu den bedeutendsten und schönsten Kunstdenkmälern in unserer Landschaft. Von Sénanque führt noch einmal ein

Kloster Sénanque

freundlich-ruhiges Sträßchen durch das Waldgebirge des Vaucluse in Richtung *Venasque* – zwei, drei Stunden Zeit nur müßten Sie opfern, um auch dieses echt provenzalische Kleinod „mitzunehmen". Ansonsten aber müssen wir uns nun wieder nach Süden wenden.

Ob vor oder nach Gordes – irgendwann wird man in der Region zwischen Vaucluse und Lubéron einmal den *Bories* begegnen, jenen mysteriösen steinernen Hütten, die ihren Ursprung – wie die Trulli in Apulien oder die Nuraghen auf Sardinien – in grauer Vorzeit haben, jedoch bis vor wenigen Jahrhunderten immer wieder in ihrer klassischen Bienenkorbform errichtet wurden. Ein Bories-Dorf, zum kleineren Teil original, zum größeren rekonstruiert, liegt wenige Kilometer südlich von Gordes.

Zurück zur N 100, auf der wir aber nur wenige Kilometer bleiben, um dann wieder rechts abzubiegen zum Dorf *Fontaine de Vaucluse* (= vallis clausa = abgeschnittenes Tal). 800 m oberhalb des Ortes (Fußweg) befindet sich am Fuß einer über 200 m hohen Felswand der Quelltopf des Sorgue-Flusses, in dem sich die Wasser der weiten, karstigen Kalkflächen rings-

Francesco Petrarca

Fontaine de Vaucluse

um sammeln. Ein sehenswertes Naturpanorama! Angeblich ist es noch nicht gelungen, die Tiefe des Topfes zu ergründen. In wasserreichen Zeiten, im Frühjahr zumal, „produziert" die Quelle bis zu 150 m³ Wasser in der Sekunde und ist damit eine der stärksten in der Welt.

Wirkungsvolle „PR" für die Quelle hat der italienische Dichter Petrarca gemacht, der sich vom höfischen Leben im päpstlichen Avignon in die hiesige Einsamkeit zurückgezogen hatte und hier von 1337–53 in einem Haus gelebt haben soll, an dessen Stelle heute das ihm gewidmete Museum steht. In seinen hier geschriebenen Werken und Briefen spielt Laura eine große Rolle, jene schöne und tugendsame, für ihn also nicht erreichbare Angebetete, die angeblich eine verheiratete de Sade gewesen ist und die er in einer Kirche zu Avignon erstmals erblickt hatte.

Auf dem Weg zum Quelltopf kommt man an der Rekonstruktion einer Papiermühle vorbei, in der man Papiermachern bei der Anfertigung von handgeschöpften Papierbogen zuschauen kann.

Ein letztes Mal zurück auf die N 100 und weiter ins nahe Cavaillon, wo sich die Wege scheiden. Die einen werden ihrer Sehnsucht nach Avignon (s. S. 41), Saint-Rémy und Les Baux (s. S. 70 f.) und Arles (s. S. 50) nicht mehr länger widerstehen wollen. Die anderen aber werden uns jetzt auf der Rückfahrt – nun von Westen nach Osten – durch den Lubéron begleiten. Dieser waldreiche Gebirgszug ist zwar nicht so prominent wie die eben genannten Orte. Aber auch er hat Schönheiten und Attraktionen, die wahrzunehmen sich lohnt!

Die Montagne du Lubéron ist, wie fast alle Höhenzüge der Provence, ein Ost-West-Gebirge auf Kreidekalkbasis, ungefähr 65 km lang. Die Talenge *Combe de Lourmarin* teilt es in den östlichen *Grand Lubéron* (bis 1125 m hoch) und den westlichen *Petit Lubéron* (719 m). Begrenzt wird es von den Flüssen Coulon im Norden, Durance im Osten und Süden. Dichte Eichenwälder, durchmischt mit Zedern, bedecken die Nordhänge, teilweise steil und von Schluchten durchzogen. Die Südseite fällt sanfter ab, Kastanien wachsen hier, Garigue-Vegetation macht sich breit, und die Dörfer haben mehr Platz.

Im Lubéron gibt es keine Sehenswürdigkeiten, die man nicht versäumen darf. Man kann kreuz und quer durch das Gebirge fahren und wird immer einen schönen Ausblick, eine reizvolle Perspektive, ein pittoreskes Dorf auf einer Felsnase oder eine romantische Burgruine vor sich haben. Alles schaut so zeitlos-friedlich-idyllisch aus. Wenig nur erinnert noch daran, daß hier im 16. Jh. blutige Kämpfe getobt haben, denen Tausende unschuldiger Menschen zum Opfer fielen. Es waren die *Waldenser*, Angehörige einer alten Sekte, die sich während der Reformation den Calvinisten anschlossen und schließlich im Jahr 1545 von der französischen Zentralgewalt, vertreten durch König Franz I., im Bündnis mit der katholischen Kirche ausgerottet wurden.

Unsere Kreuz-und-Quer-Fahrt durch den Lubéron könnte so aussehen: Von Cavaillon zunächst auf der D 2, dann auf kleineren Straßen nach Oppède-le-Vieux (Schloßruine aus dem 13. Jh.) und weiter nach Ménerbes, das im Mittelalter als uneinnehmbar galt und während der Religionskriege des 16. Jhs. eine der letzten Zufluchtstätten der Waldenser und Hugenotten war. Unterhalb von Ménerbes, an der D 103, einer der größten Dolmen der Provence. Weiter über Lacoste, dessen Burg Stammsitz der Familie de Sade war (angeblich hat der berüchtigte Marquis de Sade hier seine Orgien inszeniert), nach *Bonnieux*.

👁 Romanische Kirche aus dem 12. Jh., Stadtmauern, Aussichtsterrasse mit Blick auf die Orte am Rande des Plateau de Vaucluse.

🛏 Gute Übernachtungsmöglichkeiten, die sonst selten im Lubéron sind!

🍴 Hostellerie du Prieuré, Hotel und Restaurant im historischen Rahmen, schöne Aussicht.

Wir fahren nun auf der D 943 durch die *Combe de Lourmarin* auf die Südseite des Lubéron. *Lourmarin* ist ein freundlicher Ort mit einem Renaissanceschloß (Besichtigung), in dem Stipendiaten der Kunstakademie von Aix wohnen und arbeiten. Liebhaber der Zisterzienser-Architektur machen von hier aus einen Abstecher über Cadenet zum *Kloster Silvacane*. Die Abtei, 1144 gegründet, ist kleiner als die von Sénanque, aber kaum weniger sehenswert.

Von Lourmarin geht es weiter am Südhang des Lubéron entlang über *Cucuron* (romanisch-gotische Kirche, gallo-römisches Museum) und *Ansouis* (Renaissance-Schloß mit vielen Kunstschätzen, Besichtigung nachmittags) nach *Tour-d'Aigues* (Ruine eines 1570 im antikisierenden Renaissancestil erbauten Schlosses). Besonders schön ist noch einmal der letzte Abschnitt der Fahrt über das idyllische *Grambois* (romanische Kirche, 12. Jh.) und La Bastide-de-Jourdans nach Manosque.

Manosque, die Geburtsstadt des bedeutenden provenzalischen Dichters Jean Giono, gehörte einst zu den Perlen unter den Städten im Lande. Mittlerweile ist es ein kleines industrielles Ballungsgebiet geworden; der riesige Atomforschungs-Komplex am anderen Durance-Ufer liegt nahebei. Doch wer das alte Manosque nicht kennt, kann auch heute noch Gefallen an der Altstadt finden, an der Fußgängerzone, welche die beiden mächtigen Stadttore aus dem 14. Jh. miteinander verbindet, am lebhaften Lokalkolorit der Place de l'Hôtel de Ville, der Place des Marchands, der Place Marcel Pagnol.

Die Fahrt durch den Lubéron sollte man sich so einrichten, daß man anschließend von Manosque auf der N 96 weiterfährt nach Aix (s. S. 76) oder von hier aus die Rückreise durch die Alpen in den Norden antritt.

Avignon: Blick auf den Papstpalast

Avignon 93 000 E.

Die Hauptstadt des Département Vaucluse ist eines der Zentren und eine der am meisten besuchten Städte der Provence, aller Welt bekannt durch das Kinderliedchen *Sur le pont d'Avignon ...,* in ihrer Geschichte hervorgehoben durch die *Babylonische Gefangenschaft* der Päpste im 14. Jh. Avignon ist heute Sitz eines Erzbischofs. Das fruchtbare Hinterland, das *Comtat Venaissin,* hat die Stadt auch zu einem bedeutenden Markt für landwirtschaftliche Produkte gemacht. Avignon ist eine Stadt, die den Fremden nicht sofort in helle Begeisterung ausbrechen läßt. Doch niemand kennt die Provence, der nicht in Avignon gewesen ist!

Die erste Siedlung entstand am Fuß des mächtigen Felsens, der sich 50 Meter hoch über dem linken Rhône-Ufer erhebt. Diese günstige Verkehrs- und Verteidigungslage veranlaßte schon die phokäischen Griechen, hier einen Binnenhafen zu errichten, der später auch von den Römern genutzt wurde.

Sein Goldenes Zeitalter erlebte Avignon als selbständige Stadtrepublik nach dem Vorbild italienischer Stadtstaaten im 12. Jh. Zu Beginn des 14. Jhs. wurde es Hauptstadt der christlichen Welt. Von 1309–1377 regierten sieben Päpste in der Stadt, die sie ständig ausbauten und befestigten. Als anschließend das Schisma – die Spaltung – ausbrach, saßen Gegenpäpste noch bis 1403 in Avignon, das auch nach Beseitigung des Schismas, ebenso wie das Comtat Venaissin, päpstliches Hoheitsgebiet blieb, bis die Französische Revolution 1791 diesen Zustand beendete.

Wie so viele Päpste wollten auch die in Avignon residierenden Heiligen Väter als Förderer der Künste, als Mäzene anerkannt werden. Vor allem zogen sie Maler an ihren Hof, die von den Kunsthistorikern unter dem Begriff *Schule von Avignon* zusammengefaßt werden: Simone Martini, Matteo Giovanetti da Viterbo u.a. Der bedeutendste Vertreter der Schule von Avignon, Nicolas Froment, gehört allerdings dem nachpäpstlichen 15. Jh. an (um 1425 bis 1486).

Auch der italienische Dichter Francesco Petrarca (1304–1374) lebte eine Zeitlang am Hof in Avignon, dessen Treiben er heftig kritisierte: „Diese Stadt ist eine Abfallgrube, wo sich aller Unrat der Welt sammelt. Man verachtet Gott und betet das Geld an."

◉ Der alte *Stadtkern* ist von einer mächtigen, über 4 km langen Stadtmauer umgeben, die in der päpstlichen Ära gebaut und im vorigen Jh. stark restauriert worden ist. Ursprünglich hatte die Mauer sieben Tore, sieben weitere kamen hinzu. Auf den großen Boulevards kann man sie in ihrer ganzen Ausdehnung umfahren. Als Einfahrt in die Altstadt (mit z.T. sehr engen, mit dem Auto kaum passierbaren Straßen) empfehlen wir die *Porte de la République* gegenüber dem Hauptbahnhof.

Von hier aus führt ein großer Straßenzug (Cours Jean Jaurès, Rue de la République) zur *Place de l'Horloge,* benannt nach dem Uhrturm (um 1500). Er ist das Zentrum der Stadt und auch der Treffpunkt der reiselustigen Jeans-Jugend. Von hier aus

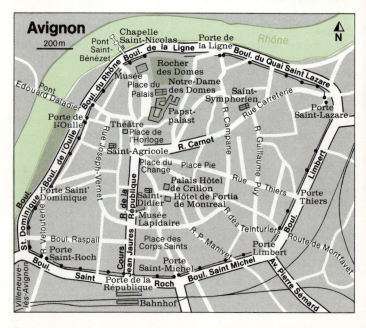

Der alte Stadtkern

weiter zur *Place du Palais* mit der Einfahrt zur großen Tiefgarage. Es ist ratsam, den Wagen hier abzustellen und alle weiteren Unternehmungen zu Fuß zu machen.

Vom Platz aus gelangt man in wenigen Minuten – es fährt auch eine kleine Elektrobahn – zum *Rocher des Domes.* Auf diesem Felsen, der vermutlich bereits eine keltisch-ligurische Siedlung beherbergt hat, befindet sich heute eine hübsche Parkanlage. Von der vorderen Felsnase aus hat man einen herrlichen Blick auf die Rhône, den gegenüberliegenden Stadtteil *Villeneuve-lès-Avignon* mit dem Turm *Philippe-le-Bel* (s. S. 46) und die Weite des Rhônetals.

Unmittelbar unterhalb des Felsens die berühmte Brücke *Pont Saint-Bénézet,* das Wahrzeichen von Avignon. Sie wurde um 1180 angeblich von dem später heilig gesprochenen Bruder Bénézet erbaut, war ursprünglich 900 m lang und wurde 1226 von König Ludwig VIII. zerstört, den sich die selbstbewußten Bürger von Avignon zum Feind gemacht hatten. Von den einst neunzehn Brückenbögen blieben nur vier erhalten. Die romanische *Kapelle Saint-Nicolas* auf der Brücke ist zweigeschossig. Auf der Insel Barthelasse, welche die Rhône in zwei Arme teilt, pflegten die Bürger von Avignon ihre Feste zu feiern, auf die das erwähnte Liedchen Bezug nimmt.

Als ich zum ersten Mal auf der exponierten Felskanzel über der Rhône stand, fegte ein durch Mark und Bein schneidender Mistral über das Tal hinweg. Wir hatten Mühe, uns aufrecht zu halten. Seitdem muß ich immer, wenn ich zum Felsen hinaufsteige, an den lateinischen Spruch denken:

Avenio ventosa
Cum vento fastidiosa
Sine vento venenosa

(Windumwehtes Avignon, ärgernis-

Papstpalast

erregend bei Wind, krankheits-
schwanger ohne ihn!) Und ich kann
nur sagen: So ist es!
Zurück zur Place du Palais, wo sich
auch der Haupteingang zum *Palais
du Pape* befindet. Der mächtige Ge-
bäudekomplex, der eine Grundfläche
von 15 000 m² einnimmt und zwischen 1334 und 1352 entstanden ist,
wirkt von außen – teilweise aber
auch von innen – mehr wie eine
Trutzburg als wie ein Palais. In manchen Partien sind die Mauern bis zu
vier Meter stark. Aber die Päpste waren damals ja auch tief in die Händel
der Welt verstrickt; speziell in Avignon hatten sie sich vieler Feinde zu
erwehren. So sollte Johannes XXII.,
der zweite regierende Papst,
gleich zu Beginn seines Amtsantritts
ermordet werden – vom Bischof von
Cahors! Der brave Gottesmann
wollte seinen obersten Chef mit Brot
vergiften, das mit Arsen getränkt
war. Er wurde aber entdeckt und
fand den Tod auf dem Scheiterhau-
fen. A propos Johannes XXII.: Der
unvergessene Roncalli-Papst Johannes XXIII. nahm sich unter allen seinen Vorgängern gerade diesen
(durch die Wahl des Namens) zum
Vorbild, weil der als besonders ein-

fach lebender und anspruchsloser
Mann in die Geschichte der Päpste
eingegangen ist.
Zur Besichtigung: Der Papstpalast ist das
ganze Jahr über täglich vor- und nachmittags geöffnet, Mittagspause grundsätzlich
zwischen 12 und 14 Uhr. Während der
Hochsaison finden halbstündlich Grup-
penführungen statt, im übrigen Jahr
stündlich, darunter vor- und nachmittags
je eine in deutscher Sprache. (Die deutsch-
sprachigen Studentinnen der Kunstge-
schichte machen ihre Sache in der Regel
ausgezeichnet und freuen sich über ein
Trinkgeld!) Da die Besichtigung des
Papstpalastes nur innerhalb einer geführ-
ten Gruppe möglich ist, erübrigt sich eine
ausführliche Beschreibung. Zur Vorberei-
tung deshalb nur einige Hinweise:
Das *Alte Palais* ist 1334–42 unter Bene-
dikt XII., das *Neue Palais* 1342–52 unter
Clemens VI. erbaut worden. Das *Alte Palais* gruppiert sich um den Kreuzgang
Cour du Cloître. Besonders bemerkenswert: der große Festsaal Grand Tinel, der
Küchenturm mit seinen eindrucksvollen
Dimensionen, der Schatzkammerturm
Tour du Trésor als Musterbeispiel einer
praktisch uneinnehmbaren Festung in der
Festung und das Schlafgemach des Papstes mit seinen vogelgeschmückten Fresken.
Im *Neuen Palais:* der große Audienz- und
Gerichtssaal Grande Audience sowie die
darüber gelegene, gleich große Grande
Chapelle, die beachtliche 42 Meter hoch
ist.
Im *Großen Hof* finden Freilichtaufführun-
gen im Rahmen des Festival d'Avignon
statt (s. S. 26).
Über den Escalier du Pater, in unmittelbarer Nähe des Papstpalastes,
erreicht man das älteste sakrale Bauwerk von Avignon, die Kathedrale
Notre-Dame des Domes. Auf uralten
Fundamenten (angeblich aus dem
1. Jh. nach Christus) entstand im
12. Jh. ein romanischer Bau, heute
noch im Langhaus erkennbar, das
aber leider um 1670 eine ebenso

prächtige wie unpassende Barock-Empore dazu erhalten hat. Auch der Chor ist eine barocke „Neufassung".

Streifzüge durch die Stadt

Wir wählen die *Place de l'Horloge* als Orientierungs- und Ausgangspunkt. Gleich hinter dem Rathaus steht die Kirche *Saint-Agricole* mit einer schönen provenzalischen Fassade, erbaut um 1320. Achten Sie im Innenraum auf das marmorne Weihwasserbekken vom Ende des 15. Jhs. und auf den Verkündigungsaltar im rechten Seitenschiff!

Geht man die Rue Saint-Agricole weiter, stößt man auf die Rue Joseph-Vernet, eine elegante Einkaufsstraße mit Antiquitätengeschäften, Kunstgalerien, Modeboutiquen und erstklassigen Restaurants. Nr. 65 ist die Adresse des *Museum Calvet,* das in einem auffallend schönen Privatpalais, dem um 1750 erbauten Hôtel de Villeneuve-Martignan, untergebracht ist. Die bedeutendste Abteilung des Museums, die archäologische, ist bereits zum größten Teil in das Musée lapidaire umgezogen. Interessant sind aber auch die Sammlung von Kunstschmiedearbeiten sowie die Gemäldegalerie mit Bildern von spanischen, italienischen, alten und neueren französischen Meistern. – Jenseits der Befestigungsmauer, in den Auen des Rhône-Ufers, werden von Zeit zu Zeit Antiquitäten- und Flohmärkte abgehalten.

Zurück zur Place de l'Horloge. Auf ihrer Ostseite, gegenüber der Rue Agricole, schließt sich die Fußgängerzone mit hübschen Geschäften an. Die Place du Change, das Zentrum der Geldwechsler, war im päpstlichen Avignon der bedeutendste und aktivste Platz in der Stadt. Gehen wir in die Rue de la République in Richtung Bahnhof hinunter, kommen wir zum *Musée lapidaire* (Nr. 27, früher das Jesuiten-Colle-

Straßencafé

gium). Unter den plastischen Werken aus keltischer und römischer Zeit sowie des Mittelalters und der Renaissance verdienen zwei Stücke ganz besondere Beachtung: die Darstellung der keltischen Tarasque, eines menschenfressenden Ungeheuers bzw., schlicht gesagt, des Rhône-Drachens, der von der heiligen Martha gebändigt worden sein soll, und das Relief eines römischen Gladiatoren, über den ein Löwe herfällt.

Nahe bei dem Museum die Kirche *Saint-Didier,* ein gotischer Bau aus der ersten Hälfte des 14. Jhs. Das

Theater-Festival in Avignon

45

schönste Ausstattungsstück des schlichten Innenraums ist der Altar-Retabel in der ersten Kapelle rechts, im Auftrag des Königs René von Francesco Laurana geschaffen (1478). Im linken Seitenschiff sind Reste von Fresken zu sehen, die Malern der Sieneser Schule zugeschrieben werden. Die Kanzel im üppigen spätgotischen Dekor war früher wahrscheinlich eine Orgel- und Sängertribüne.

Es lohnt sich, von hier aus tiefer in das Gewirr der Altstadtstraßen einzudringen. Daß die Rue du Roi René einst eine gute Wohngegend gewesen sein muß, lassen die sehenswerten *Palais Hôtel de Crillon* (Nr. 7) und *Hôtel de Fortia de Montreal* (Nr. 8, gegenüber) erkennen. Eine Tafel am Haus Nr. 22 erinnert daran, daß in der Kirche Sainte-Claire, die einst hier gestanden hatte, der Dichter Petrarca die von ihm angebetete und besungene Laura zum ersten Mal gesehen haben soll; das wäre anno 1327 gewesen. – In indirekter Verlängerung nach Südosten schließt sich die Rue des Teinturiers (Färberstraße) an, die am Flüßchen Sorgue entlangführt. Einige große, zum Teil verfallene Wasserräder betrieben im 18. und 19. Jh. die Kattunwebereien und Färbereien, die hier angesiedelt waren.

🍴 Restaurant Hiely, 5 Rue de la République, Restaurant der Spitzenklasse. Le Petit Bedon, 70 Rue Joseph-Vernet, kleines, aber sehr feines Restaurant; keine Karte!

Villeneuve-lès-Avignon

Das auf dem Rhône-Ufer gegenüber liegende Villeneuve-lès-Avignon gehört bereits zum Languedoc. Es hat also eine ältere französische Geschichte als das provenzalische und damit noch lange Zeit zum Einflußbereich des *Römischen Reiches Deutscher Nation* gehörende Avignon. So ist Villeneuve zeitweilig von den französischen Königen als eine Art vorgeschobener Posten gegenüber Avignon nach Kräften gefördert worden. Im päpstlichen Jahrhundert, als Frankreich seinen Einfluß auf das linke Rhône-Ufer hatte ausdehnen können, war Villeneuve beliebter Wohnsitz der Kardinäle, die sich hier prächtige Paläste bauen ließen, für die es in Avignon keinen Platz mehr gab.

Man erreicht Villeneuve (mit dem Wagen besser als zu Fuß) über den Pont Edouard Daladier und kommt zunächst zum *Turm Philippe-le-Bel* (erbaut um 1300), der einst den Brückenkopf der Saint-Bénézet-Brücke darstellte. Von seiner oberen Plattform aus hat man einen prachtvollen und instruktiven Blick auf Villeneuve, Avignon und die Umgebung. Auch von den beiden mächtigen Eingangstürmen, die das *Fort Saint-André* auf dem Andaon-Hügel flankieren, hat man einen schönen Blick. Das Fort ist 1362 unter König Jean le Bon errichtet worden.

Die befestigte gotische Stiftskirche *Notre-Dame* (1333) birgt die berühmte Elfenbein-Madonna, eines der schönsten französischen Schnitzwerke im 14. Jh. Kunsthistoriker erkennen in ihr bereits frühe manieristische Tendenzen; doch überwiegt für den Betrachter noch der christliche Ernst und die Würde der Darstellung. Im Museum des nahen *Hospital-Hospizes* befindet sich ebenfalls ein bedeutendes Kunstwerk, die Marienkrönung von Enguerrand Quarton aus der Schule von Avignon; das Bild entstand 1453. – Über die Hauptstraße von Villeneuve – Grande Rue oder Rue de la République – gelangt man zum Haupteingang des Kartäuserklosters *Val de Bénédiction,* einfach Chartreuse genannt. Es gilt als das bedeutendste Kartäuserkloster Frankreichs und

wurde 1352 von Papst Innozenz VI.
gestiftet, der hier auch begraben
liegt. Wer sich nicht speziell für
Fresken. aus dem 14. Jh. interessiert,
muß es aber nicht gesehen haben.

A Ausflüge von Avignon

Der Pont du Gard

Von Villeneuve aus sind es nur 15
km über Remoulins zum einzigartigen Aquaedukt Pont du Gard. Ihn
„muß man gesehen haben". (Den
Ausflug dorthin kann man auch mit
einer Rundfahrt über Nîmes (s. S. 59)
bzw. Orange (s. S. 48) verbinden.)
Der Pont du Gard, im Jahr 19 v. Chr.
auf Veranlassung von Agrippa, einem
römischen Feldherrn und Jugend-
freund des Kaisers Augustus, erbaut,
versorgte über mehrere Jahrhunderte
hinweg die Stadt Nîmes mit Quell-
wasser aus der Gegend von Uzès, also
über eine Entfernung von etwa 50
km hinweg. Man schätzt, daß er täglich etwa 20 000 Kubikmeter Wasser
in die Stadt brachte, die damals rund
50 000 Einwohner zählte. Das heißt:
jedem Einwohner von Nîmes hätten
täglich ca. 400 Liter Wasser zur Verfügung gestanden! Dafür, daß sie je-
derzeit über frisches Wasser in aus-
reichenden Mengen verfügen konnten, war den Römern das Beste gerade gut genug – eine großartige zivi-
lisatorische Leistung!
Auch die technische Leistung ist be-
wundernswert: Die Steine sind mörtellos gefugt und teilweise bis zu
sechs Tonnen schwer. Die Gesamt-
höhe des Aquaeduktes beträgt 49 m
über dem niedrigsten Wasserstand,
die Länge in der obersten Etage mit
dem Wasserleitungskanal 275 m.
Vom 5. Jh. an begann der Aquaedukt,
da er nicht mehr benutzt wurde, allmählich zu verfallen. Erst im vorigen
Jahrhundert wurde er, auf Veranlassung von Napoleon III., restauriert.

Fazit: Ein Meisterwerk, in dem sich
technische Perfektion, künstlerisches
Formgefühl und die Landschaft, in
die es eingebettet ist, zu vollendeter
Harmonie verbunden haben!
Den schönsten Blick auf den Pont
du Gard hat man, wenn man am
rechten Ufer des Gard flußaufwärts
bis zur Uferterrasse beim Schloß
Saint-Privat geht. Natürlich wird
man auch über den Pont wandern
wollen. Dann sollte man nicht die
Fahrstraße benutzen, sondern die
oberste der drei Etagen, entweder in
der Wasserrinne (ohne Aussicht)
oder auf den Deckplatten über der
Rinne (schöne Aussicht, aber nur für
Schwindelfreie!).

Châteauneuf-du-Pape, Orange, Carpentras

Auch ein Ausflug in die nur 31 km
entfernte Stadt *Orange* (26 000 Einwohner) nördlich von Avignon lohnt
sich. Auf dem Weg dorthin über Sor-
gues und die D 17 kommt man
durch das weinberühmte *Châteauneuf-du-Pape,* die einstige Sommer-
residenz der Avignon-Päpste. Von
der Residenz auf dem Hügel oberhalb des Ortes ist nur noch eine
Turmruine übriggeblieben; von hier
aus schöner Blick auf das Rhônetal
und die Berge ringsum! Châteauneuf
war gewissermaßen die Weinquelle
des päpstlichen Hofes in Avignon,
und der hier gezogene Wein ver-

Weinbau bei Orange

Das Römische Theater

dankt seinen Weltruhm sicher nicht zuletzt diesem Umstand. Denn andere Weine dieser Region sind von gleicher Qualität, aber nicht annähernd so berühmt. In den *Caves du Père Anselme* ist ein kleines Winzermuseum eingerichtet; Weinprobe möglich! Auf der D 68 weiter nach Orange.

Orange. Das römische Arausio, eine von Kaiser Augustus angelegte Veteranensiedlung für die Zweite Gallische Legion, entwickelte sich in der *Provincia Gallia Narbonensis* zu einer bedeutenden Stadt mit hohem Zivilisationsstandard. Den ausgedienten Legionären, auf die der Staat notfalls ja auch noch einmal zurückgreifen mußte, wurde alles geboten, was ein Römerherz sich nur wünschen mochte: Theater, Zirkus, Thermen, Tempel, Sportstätten …

Zentrales Bauwerk ist das *Römische Theater* am Fuß des Hügels Saint-Eutrope, das am besten erhaltene der ganzen Epoche (1. Jh. n. Chr.). Hier blieb nicht nur das Halbrund des Zuschauerraumes – mit einem Fassungsvermögen von 7000 Personen – erhalten, sondern die vollständige Bühnenrückwand (109 × 37 m); nur die Kassettendecke, die den Bühnenraum über-

dachte, fehlt. Dennoch erlebt man das Theater in Orange als einen Raum von beispielloser Monumentalität, wie sie die Theater in Arles und Vaison (denen die Rückwand fehlt) nicht vermitteln können. Bemerkenswert ist die restaurierte Augustus-Statue auf der Innenseite der Bühnenwand: Durch ihre Plazierung hoch oben wirkt sie, obgleich 3,55 m hoch, „nur" lebensgroß. Die Bühnenwand war übrigens ursprünglich reich mit Statuen und anderem Schmuckwerk dekoriert, so daß die Zuschauer schon genügend zu sehen hatten, bevor das Spektakel begann. An der Außenwand sind noch in zwei Reihen übereinander die steinernen Krampen zu sehen, an denen die Sonnensegel befestigt werden konnten.

Das Römische Theater ist im 4. Jh. durch Brand schwer beschädigt und im 19. Jh. restauriert worden. Heute werden hier im Juli und August Freilichtspiele, Opernaufführungen, Chor- und Orchesterkonzerte veranstaltet. – Auf der Westseite des Theaters ist eine Ausgrabungsstätte zu sehen. Man vermutet, daß es sich dabei um die Fundamente eines Tempels handelt, der zu einer antiken Sportanlage (Gymnasion) gehörte. Auf

Orange

dem Saint-Eutrope-Hügel, hinter Theater und Tempel, dürfte das römische Kapitol gestanden haben – insgesamt eine großzügige, monumentale städtebauliche Konzeption!

Im Norden des Stadtkerns von Orange erhebt sich inmitten eines verkehrsreichen Platzes ein 19 m hohes, 20 m breites *Stadttor* aus der Zeit des Kaisers Augustus. Hier hindurch führte die *Via Agrippa* von Arles nach Lyon. Auf der Nordseite des Tores sind gut erhaltene Reliefs zu sehen, in denen die Siege der Gallischen Legion unter Caesar verherrlicht werden. Dieses allgemein als Triumphbogen bezeichnete Stadttor sollte den unterworfenen Galliern ständig die unbezwingbare Macht des Römischen Reiches „ad oculos" demonstrieren.

Durch dynastische Erbfolgen, die wir hier nicht nachvollziehen müssen, fiel Orange im Jahr 1544 an das Herrscherhaus Nassau, das den ersten Statthalter der Niederlande stellte und später die holländische Monarchie begründete. Das einstige *Schloß der Familie Oranje-Nassau* stand auf dem Hügel von Saint-Eutrope, wo man heute – bei schönen Ausblicken auf die Umgebung – in einem Park lustwandeln kann. Noch immer führt das holländische Königshaus den Fürsten von Oranje in der Perlenkette seiner Titel. Dabei ließ schon Ludwig XIV. während seines Krieges gegen die Niederlande die Stadt, als flankierende Maßnahme, besetzen und ihre Mauern schleifen, um sie später Frankreich gänzlich einzuverleiben (Frieden von Utrecht, 1713).

Orange: Stadttor

 Arène, Place de Langes, typisches provenzalisches Restaurant.

A Wer auf ein Kontrasterlebnis besonderer Art aus ist, kann von Orange einen Abstecher ins nahe *Atomzentrum Marcoule* an der Rhône machen. Ein Teil der Anlage kann besichtigt werden (im Winterhalbjahr nur an Wochenenden und Feiertagen! Dauer eine halbe Stunde). Man erreicht Marcoule über die D 976 bis kurz vor Roquemaure, weiter auf der N 580 bis Orsan; hier rechts abbiegen!

Carpentras. Die Rückfahrt von Orange nach Avignon läßt sich auch mit einem Umweg über Carpentras variieren. Die Stadt, Zentrum einer fruchtbaren Wein-, Obst- und Gemüseregion, war von 1320 bis zur Französischen Revolution Hauptstadt der Grafschaft Venaissin, des zum päpstlichen Besitz gehörenden Comtat. Carpentras ist keine glänzende Perle unter den Städten der Provence, doch eben wegen seiner Normalität, in der die Touristen nur eine Rolle am Rande spielen, sehr typisch. Freitags ist hier Markt mit entsprechendem Hochbetrieb. Die ehemalige Kathedrale Saint-Siffrein, einem etwas dubiosen Heiligen geweiht, stammt aus der Zeit des Schismas, der Gegenpäpste in Avignon (1404). Die Synagoge an der Place de l'Hôtel de Ville wurde bereits im Jahr 1367 erwähnt; sie wäre demnach die älteste Frankreichs, stammt in ihrer heutigen Gestalt allerdings aus dem 18. Jh.

Arles 50000 E.

Die vielgerühmte Stadt am Scheitel des Rhônedeltas mit ihrer glanzvollen Vergangenheit besitzt unter den Städten der Provence sicher die größte Anziehungskraft. Diese Ausstrahlung verdankt sie freilich nicht allein ihrem hohen Alter und den zahlreichen Kunstdenkmälern, sondern ebenso ihrer zentralen Lage zwischen Meer und Gebirge, Alpilles und Camargue, Aix und Nîmes. Und natürlich ihrer vitalen Gegenwart. Arles, so scheint es an manchen Tagen, kennt den Zauber der ewigen Jugend. Ob ihn auch die schönen Arlesierinnen kennen, von denen Dichter, Musiker und Maler – von Mistral und Hofmannsthal über Bizet bis van Gogh – zu schwärmen pflegen, ist fraglich. Manche schwarzhaarige, glutäugige Schönheit, die stolz wie eine Königin über die Place du Forum schreitet, entpuppt sich bei näherem Hinsehen als Studentin aus Ulm oder erlebnisdurstige Krankenschwester aus Saarbrücken …

Bereits im 6. Jh. v. Chr. wurde Arles von Griechen aus Massilia gegründet und entwickelte sich bald zu einem lebhaften Handelsplatz. Als die Römer sich im Lande festzusetzen begannen, profitierte es zunächst von dem Kanal, den der Feldherr Gaius Marius parallel zur nicht mehr schiffbaren Rhône zwischen Arles und Fos anlegen ließ, sodann von Caesar, dessen Partei es im richtigen Moment des Bürgerkrieges gegen Pompeius nahm. Zum Dank legte der siegreiche Caesar später eine Militärkolonie in die Stadt, die auf diese Weise bald zu allen wünschbaren Einrichtungen römischer Zivilisation kam. Da der größte Teil des Handelsverkehrs zwischen Italien und Spanien über die südlichste Rhônebrücke – die Schiffsbrücke zwischen Arles und Trinquetaille – ging, da später die römischen Kaiser während ihrer Aufenthalte in der *Provincia Gallia Narbonensis* meistens in Arles zu residieren pflegten, durfte dieses sich unwidersprochen *Gallula Roma* (das gallische Rom) nennen.

Mit den Römern war das Christentum in die Provence gekommen; in Arles soll bereits im 1. Jh. ein Bistum gegründet worden sein vom heiligen Trophimus, der angeblich von Petrus selbst nach Arles entsandt worden war. Doch mit dem Niedergang des Römischen Weltreiches kamen schwere Zeiten! West- und Ostgoten, Vandalen, später Mauren, Normannen und Sarazenen verwüsteten das Land und zerstörten die Städte. Unter den Karolingern kam Arles in den Einflußbereich des *Heiligen Römischen Reiches Deutscher Nation,* zeitweilig als eigenständiges Königreich, das Burgund und einen Teil der Provence umfaßte. Dieses Königreich bekam 1032 den Namen Arelat. Doch war die Zugehörigkeit zum Reich vorwiegend nominell; die deutschen Kaiser waren zu schwach, um reale Macht auszuüben. Selbst Kaiser *Friedrich Barbarossa,* der sich 1178 in Arles zum König von Burgund und Arles krönen ließ, um die lockeren Bindungen zu festigen, erreichte sein Ziel nicht.

Als die kaiserliche Gewalt immer schwächer wurde, versuchte Arles, sich als Stadtrepublik selbständig zu machen. Doch dann setzte sich der Graf von Provence, Raymond Bérenguer, durch und verleibte Arles seiner Grafschaft ein. Unter der nachfolgenden Dynastie der Anjou wurde Arles vollends zur Provinzstadt. Denn der aus dieser Dynastie stammende König René I. regierte vorwiegend in Aix. 1481 trat die französische Krone die Erbschaft der Anjou in der Provence an.

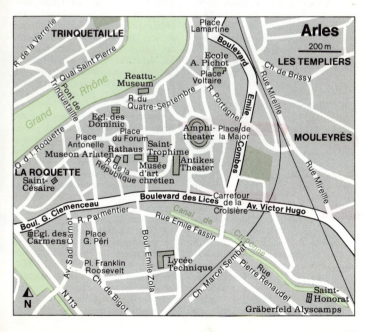

Arles

Place de la République

Ich wüßte keine Stadt, die angenehmer und bequemer kennenzulernen ist als Arles. Fast alles, was man sehen möchte oder muß, liegt innerhalb des Mauerrings der Altstadt und da immer nur ein paar Minuten zu Fuß voneinander entfernt. Auf die Idee, mit dem Wagen in die Altstadtgassen einzudringen, kann eigentlich kein vernünftiger Mensch kommen. Als Ausgangsbasis für unsere Unternehmungen wählen wir die *Place du Forum,* nicht nur, weil hier schon zur Römerzeit das Stadtzentrum war (ein Stück Forumssäule ist noch an der Ecke des *Nord Hotel Pinus* zu sehen!), sondern auch, weil wir hier die Bar-Restaurants finden, in denen wir uns nach getaner Arbeit wieder restaurieren können, sei's mit einem Pastis, mit einem Happen zu essen oder mit einem Spielchen am Flipper. Die Place du Forum ist übrigens keine besonders originelle Idee. Sie ist der Treffpunkt aller Touristen, auch der jungen, die sich hier mit Gitarren oder heißen Öfen ihr Stelldichein geben. (Die Gäste in den Hotels am Platz, die Zimmer nach vorne heraus haben, müssen sich auf unruhige Nächte einrichten!)

Saint-Trophime. Von der Place du Forum aus sind es nur ein paar Schritte bis zur *Place de la République.* In der Mitte des Platzes erhebt sich ein Obelisk aus dem (zerstörten) Zirkus von Arles; er hat vermutlich das Ziel der Wagenrennen markiert. Das bedeutendste Monument am Platz ist aber die Kirche Saint-Trophime, die im 11. Jh. begonnen und in den folgenden Jahrhunderten ständig erweitert oder verändert wurde. In der Kirche, in der sich Friedrich Barbarossa 1178 zum König von Arles krönen ließ, steht ein besonders schöner frühchristlicher Sarkophag mit reichem vollplastischem Schmuck. Auch die Vorderseite des Hauptaltars ist Teil eines Sarkophages gewesen; dargestellt ist der Zug durch das Rote Meer.

Das Hauptinteresse an der Kirche gilt aber dem berühmten Portal. Es ist der sonst schmucklosen Fassade vorgesetzt wie eine Art Triumphbogen; auch im Aufbau und in der Anordnung der Figuren kann man noch antiken Einfluß erkennen. Thema des Portals ist das Jüngste Gericht: Im Mittelfeld der das Urteil verkündende Christus, umgeben von den Evangelisten-Symbolen; auf dem Fries unter ihm die zwölf Apostel mit den Gesetzestafeln. Links (vom Betrachter aus gesehen) der Zug der Auserwählten; sie werden von einem Engel empfangen, der ihre Seele in Abrahams, Isaaks und Jakobs Schoß legt. Rechts von den Aposteln der Zug der Verdammten, denen ein Engel den Zugang zum Paradies verwehrt. Unter dem Fries in den Säulennischen einige Heilige, darunter Sankt Trophimus, dem zwei Engel die Bischofsmütze aufsetzen, sowie der gesteinigte Stephanus, dessen als Kind dargestellte Seele zwei Engel zu sich nehmen. Zu Füßen der Heiligengalerie erkennt man menschenfressende Löwen, sicher eine Anspielung auf die grausamen Christenverfolgungen der ersten Zeit.

Kreuzgang von Saint-Trophime

Kapitell in Saint-Trophime

Das Portal beeindruckt durch die Fülle der Gestalten und den Reichtum der Ausstattung. Von den Kunsthistorikern wird das etwa gleichzeitig entstandene Portal von Saint-Gilles (s. S. 60) höher eingeschätzt. Doch der in Stilkritik nicht so bewanderte Laie empfindet dort die von den Zeitläuften angerichteten Schäden als störend und schmerzlich, während er in Arles ein vergleichsweise unbeschädigtes Gesamtwerk genießen kann.

Im Süden schließt sich an die Kirche ein sehr schöner Kreuzgang an, der – auch für den Laien leicht erkennbar – aus zwei romanischen und zwei gotischen Flügeln besteht. Besonders liebevoll gestaltet und reich ausgeschmückt sind die Eckpfeiler, an denen jeweils zwei Flügel zusammentreffen. Die Gewölbe stützen sich auf Doppelsäulen, die den kleinen Garten umrahmen. In den romanischen Flügeln des Kreuzgangs erzählen die Kapitelle Geschichten aus dem Alten Testament und aus dem Leben Jesu. In den gotischen Flügeln werden Szenen aus dem Leben des heiligen Trophimus, der heiligen Martha und der heiligen Maria Magdalena dargestellt. Wie die meisten seiner Art vermittelt auch dieser Kreuzgang

eine einzigartige Stimmung aus Gelassenheit, Besinnlichkeit und Konzentration. Es wäre schade, wenn Sie ihn nur als obligate Sehenswürdigkeit „abhaken" würden. Hier können Sie, wenn Sie nur wollen, für eine halbe Stunde (oder länger) zur Ruhe kommen, zu sich selbst finden, bevor Sie sich wieder ins unvermeidliche touristische Getümmel stürzen!

Zumindest der Kreuzgang gehört zu den Höhepunkten der provenzalischen Romanik. Er wird, ebenso wie das Portal von Saint-Trophime, ins letzte Viertel des 12. Jhs. datiert.

Zu den Museen. Ein gewisses touristisches Getümmel gehört zwar zu Arles, aber man kann ihm auch ausweichen. Sie müssen nur von Saint-Trophime aus quer über den Platz gehen und stehen dann schon vor der schlichten Fassade der einstigen Kirche Sainte-Anne, heute *Musée d'art païen* (Museum für nichtchristliche Kunst). Hier sind vor allem die Funde aus den Ausgrabungen im Antiken Theater (s. S. 56) zusammengetragen worden. Für sie interessieren sich nur wenige. Deshalb ist es im kleinen Museum fast immer ganz ruhig, und man kann sich ungestört in die reizvollen Details der römischen Sarkophage versenken, den

Sarkophag aus dem 4. Jh.

schönen Busen der Venus von Arles bewundern (das Original ohne Arme steht im Louvre) oder sich über den selbstverständlichen Herrschaftsanspruch seine Gedanken machen, der in der Augustus-Büste zum Ausdruck kommt.

Gleich um die Ecke – man muß nur durch die Torhalle des Rathauses gehen – wartet das christliche Schwestermuseum, das *Musée d'art chrétien.* Ich muß gestehen, daß ich lange Zeit mit Sarkophagen nichts habe anfangen können; sie haben mich gelangweilt. Hier in Arles, speziell in diesem Museum, habe ich sie für mich entdeckt. Denn hier stehen ein paar einzigartig schöne Stücke, die aus dem Gräberfeld von Alyscamps (s. S. 56) stammen und die man auf das 4. Jh. datiert. Nur ein Beispiel: Auf einem Sarkophag ist das Brotwunder dargestellt. Man sieht einen Korb mit kleinen Broten – und die sehen haargenau aus wie unsere Frühstückssemmeln, am liebsten möchte man gleich hineinbeißen! Sollten Sie bisher kein Fan von Sarkophagen gewesen sein – vielleicht geht es Ihnen hier wie mir?

Durch das Museum gelangt man auch in den sogenannten *Kryptoporticus,* einen etwa 100 m langen Kellerraum, der wahrscheinlich als Lagerraum und Kornspeicher gedient hat und gewissermaßen das Untergeschoß des Forums war, das man sich etwa dort vorstellen muß, wo sich heute der nach ihm benannte Platz befindet.

Im selben Häuserblock – Eingang von der Rue de la République – befindet sich das Heimatmuseum *Museon Arlaten,* in den weitläufigen Räumen eines alten Renaissance-Palais. Es ist von dem provenzalischen Dichter Frédéric Mistral (s. S. 16) ins Leben gerufen worden. Mistral hat die stattliche Summe, die ihm 1904 der Nobelpreis einbrachte, in diese einzigartige Sammlung provenzalischen Brauchtums investiert. In den 32 Sälen kann man unendlich viel sehen: Möbel und Trachten, Handwerkskunst, historische Zeugnisse und geographische Spezialitäten.

Das Amphitheater von Arles

Wer auch nur etwas Gespür für das kulturelle Eigenleben der Provence und der Provenzalen hat, wird hier voll auf seine Kosten kommen!

Erstaunlicherweise hat sich das Arles, wie wir es heute erleben, ganz von der Rhône abgewendet, der es doch so viel verdankt. Kaum einmal hat man Gelegenheit, von der Altstadt aus einen Blick auf den breit dahinströmenden Fluß zu werfen, der hier einen sanften Bogen macht und dem man nicht anmerkt, daß er nur noch ein Delta-Arm ist, weil sich die *Kleine Rhône* kurz zuvor von ihm getrennt hat. Doch wenn man der Verlängerung der Rue de la République (neuerdings Fußgängerzone) zum Pont de Trinquetaille folgt, kann man, rechts abbiegend, ein Stück am Rhône-Quai entlangbummeln und bei dieser Gelegenheit zwei Sehenswürdigkeiten zweiten Ranges mitnehmen: die *Thermen des Konstantin,* eine Badeanlage aus dem 4. Jh., von der im wesentlichen nur noch die große steinerne Apsis für die warmen Bäder und die Stützmauern der

unterirdischen Öfen zu sehen sind, sowie das *Réattu-Museum,* einst die Großpriorei des Malteser-Ordens, das eine bedeutende Sammlung alter Möbel und Wandteppiche besitzt, darunter die kostbaren flämischen Gobelins aus dem 16. Jh. mit der Darstellung der Sieben Weltwunder. Im Sommer werden hier auch wechselnde Ausstellungen zeitgenössischer Kunst gezeigt.

Das Amphitheater. Vom Museum Réattu erreicht man in ein paar Minuten – falls man nicht den kleinen Umweg über die Place du Forum vorzieht – das berühmte Amphitheater, das unter der Regierung des Kaisers Hadrian (Anfang 2. Jh.) erbaut worden sein dürfte. Es ist 136 m lang und 107 m breit und hatte vermutlich 43 Sitzreihen, damit etwa ein Fassungsvermögen von 26 000 Zuschauern, die sich hier an Gladiatorenkämpfen und anderen blutigen oder unblutigen Spektakeln ergötzten. (Die hohe Brüstung, die sich um die Arena zieht, hat das Publikum wohl vor etwaigen Aggressionsgelü-

Das Antike Theater

sten der Löwen schützen sollen!) Die Attika, das oberste Stockwerk, ist im Mittelalter abgerissen und als Baumaterial für eine Art Fluchtburg innerhalb der Arena verwendet worden. Auch die viereckigen Türme sind eine Zutat des Mittelalters und dienten der Verteidigung. Einen von ihnen kann man besteigen und hat dann von seiner Plattform aus einen instruktiven Überblick über die ganze Anlage. Heute werden hier im Sommer Stierkämpfe nach spanischer und nach provenzalischer Art (s. S. 26) veranstaltet.

Gräberfeld Alyscamps

Das Antike Theater. Es entstand zur Zeit des Kaisers Augustus, der ein besonderes Interesse an Arles gehabt zu haben scheint und auch allgemein auf die Förderung von Kunst und Wissenschaft bedacht war. Es erinnert in seiner Anlage an das – allerdings weit besser erhaltene – Theater von Orange und konnte rund 16 000 Zuschauer aufnehmen. Freilich dürfen wir uns das römische Theater nicht nur literarisch oder gar als „moralische Anstalt" in Schillers Sinn vorstellen. So ist hier sicher auch manches Spektakel über die Bühne gegangen, das man später in die Arena des Amphitheaters verlegt hat. – In der nachrömischen Zeit wurde das Theater als billiger Steinbruch mißbraucht. Von der Bühnenwand sind nur noch der Graben für den Vorhang und zwei prachtvolle korinthische Säulen übriggeblieben, die sich würdevoll von den Zypressen im Hintergrund abheben.

Das Gräberfeld Alyscamps. Im Süden des Theaters, abgeschirmt durch eine kleine Parkanlage, rauscht der Verkehrsstrom. Er fließt über den Boulevard des Lices, eine wilde Mischung von Autorennbahn, Promenade, Markt, Rummelplatz und Terrassencafés, so recht nach dem Sinn der Menschen des Midi! Hier zweigt auch die Straße ab, die zum Gräberfeld Alyscamps (= Champs Elysées = Gefilde der Seeligen) führt. Auf dem etwa 1500 m langen und 800 m breiten Gelände, durch das die *Via Aurelia* führte, ruhen Kelten, Gallier, Griechen, Römer und Christen vieler Nationen. Denn Alyscamps war, zumal im Mittelalter, ein berühmter Friedhof, auf dem auch einige Heilige begraben waren, an deren Gräber sich Wunder ereignet haben sollen. Und so schickte man auch die Toten von weither nach Arles, daß sie hier ihre letzte Ruhestätte fänden – zum Teil in Särgen oder Fässern, auf dem billigen, praktischen Wasserweg der Rhône. Das Geld für die Beerdigung aber legte man den Toten in den Mund. Die Totengräber von Arles wußten schon Bescheid und werden den Ankommenden nach Tarif bedient haben …

Später wurde das Gräberfeld geplündert, wurden die Sarkophage zerschlagen oder verschenkt; einige von ihnen haben wir schon in den beiden Museen von Arles bewundert. Viele andere sind verstreut über die Kirchen Frankreichs und Italiens. König Karl IX. von Frankreich, der eine Sammlung der alten Grabmäler anlegen wollte, ließ so viele von ihnen fortschleppen, daß das Schiff, das man mit ihnen beladen hatte, auf der Rhône unterging!

Geblieben ist eine melancholische (von van Gogh gemalte) Zypressenallee mit zwei Reihen von Sarkophagen, die zur Kirche *Saint-Honorat* führt, der einzigen noch erhaltenen von ursprünglich 19 Kirchen; bemerkenswert ist ihr schöner romanischer Glockenturm (12. Jh.). Hier werden ebenfalls einige Sarkophage aufbewahrt, darunter ein sehr gut erhaltener frühchristlicher aus dem 4. Jh.

Van Gogh. Eben ist der Name van Gogh gefallen. Vom Februar 1888 bis März 1889 lebte Vincent van

Van Gogh: Café de nuit

Gogh in Arles, um hier zu malen. In dieser Zeit schuf er an die 300 Gemälde und ebenso viele Zeichnungen, fasziniert, aber auch überhitzt von der provenzalischen Sonne, vom provenzalischen Licht. „Die Sonne von Arles hat ihn ins Gehirn gebissen, und er ist nie mehr davon genesen", schreibt sein Biograph René Huyghe. Das letzte Jahr seines Lebens verbrachte er, immer noch fieberhaft arbeitend, in der Heilanstalt Saint-Paul-de-Mausole bei Saint-Rémy.

Das Haus an der Place Lamartine, in dem er gewohnt hat, steht nicht mehr, auch das berühmte Café de nuit ist längst verschwunden, wie die meisten anderen Stätten, an denen er seine Staffelei aufgestellt hat. (Und die Museen von Arles besitzen kein einziges Bild von ihm.) Aber einige Motive sind noch zu sehen: die Alyscamps eben, der (wiederhergestellte) Pont de Langlois und manche Landschaften. Das Syndicat d'Initiative von Arles veranstaltet, bei genügender Beteiligung, Mittwoch nachmittags eine Exkursion auf den Spuren van Goghs.

Restaurant Lou Marques, Boulevard des Lices, Spitzenrestaurant im Hotel Jules César. Le Vaccarès, Place du Forum, sehr gute provenzalische Küche.

A Ausflüge von Arles

Das Kloster Montmajour

Früher war Arles auch im Norden und Osten von weitläufigen Sumpfgebieten umgeben. Im Jahr 949 gründeten Benediktinermönche im Nordosten der Stadt ein Kloster, um im Zeichen des *Ora et labora* die Sümpfe trockenzulegen. Auf einem Felsen, der schon in prähistorischer Zeit als Nekropole und in frühchristlicher Zeit als Friedhof gedient hatte, errichteten sie ihre Abtei. Aus dieser Zeit ist noch die Kapelle *Saint-Pierre* erhalten geblieben. Zum Teil in den Felsen gebaut, erschließt sie den Zugang zu den Wohnhöhlen der ersten Eremiten.

In den folgenden Jahrhunderten entwickelte sich Montmajour zu einem vielbesuchten Wallfahrtsort. Verehrt wurden hier die Reliquien des wahren Kreuzes. Daraufhin bauten die Mönche – etwa gleichzeitig mit Saint-Trophime in Arles – die Kapelle zum heiligen Kreuz, „ein Juwel des ausgehenden 12. Jhs.", das sich in seiner schlichten, reinen romanischen Gestalt wunderschön zwischen den offenen Felsgräbern erhebt.

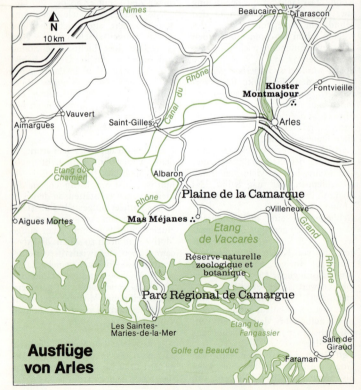

Kloster Montmajour

Amphitheater in Nîmes

Etwa zur gleichen Zeit sind die erweiterten Klosterbauten entstanden: Die Kirche *Notre-Dame* mit einem einfachen Tonnengewölbe, der Kreuzgang mit reichgeschmückten Konsolen und Figurenkapitellen, Kapitelsaal und Refektorium. Keinesfalls sollte man versäumen, in die *Krypta* hinunterzusteigen. Die wuchtigen, meterdicken Mauerquadern, der Kapellenkranz und ein Altar mit sehr alten, ungewöhnlichen Ornamenten wirken vor allem durch ihren strengen Ernst. – Der mächtige, 26 m hohe Wehrturm, der weithin sichtbar über dem flachen Land aufragt, stammt aus dem Jahr 1369.

Von Arles nach Montmajour sind es 5 km. Man kann den Besuch der Abtei mit dem Ausflug in die Alpilles verbinden!

Nîmes und Saint-Gilles

Mit diesem Ausflug überschreiten wir klar die provenzalischen Grenzen. Aber Nîmes ist so römisch wie Orange oder Arles, und Saint-Gilles so hochromanisch wie Saint-Trophime. Was zusammengehört, auch über eine historische Grenze hinweg, wollen wir hier gewiß nicht trennen!

Nîmes, nur 31 km von Arles entfernt, nennt sich gern *das französische Rom*. Das halten wir für eine Übertreibung! Nîmes ist eine typische – und angeblich besonders heiße – südfranzösische Provinzstadt mit 140 000 Einwohnern, häßlichen Vororten und ziemlich chaotischen Verkehrsverhältnissen. Außer ihrem ehrwürdigen Alter und ihren Baudenkmälern aus römischer Zeit hat sie nicht viel zu bieten.

Aus einer keltischen Siedlung, die nach dem Quellengott Nemausus benannt war, ist die römische Veteranenkolonie *Augusta Nemausus* entstanden. Die alten Krieger hatten vorher in der Äpyptischen Legion unter Octavian (dem späteren Kaiser Augustus) siegreich gegen Marc Antonius gekämpft. Daran erinnert noch heute das Stadtwappen: ein an eine Palme gekettetes Krokodil!

Das *Amphitheater* (1. Jh. n. Chr.) ist mit seiner Ausdehnung von 131 × 100 Metern und rund 21 000 Zuschauerplätzen kleiner als das in Arles, dafür aber wesentlich besser erhalten und – trotz ständiger „Zweckentfremdung" im Mittelalter – noch voll funktionsfähig. Wer in dieser Arena einmal einen Stier-

Maison Carrée

Diana-Tempel

kampf nach spanischer Art erleben konnte, wird die erregende „Tod-am-Nachmittag"-Atmosphäre bestimmt nie mehr vergessen können. Gar so viel hat sich der Publikumsgeschmack seit den Römern nicht geändert!

Die *Maison Carrée* ist ein sehr gut erhaltener Tempel auf dem einstigen Forum, den Agrippa, der Schwiegersohn des Augustus, zu Beginn unserer Zeitrechnung hat errichten lassen. Beachten Sie die harmonischen Proportionen und die prächtigen Akanthuskapitelle! Der Tempel wird allgemein als der schönste und am besten erhaltene außerhalb Italiens bezeichnet. Er birgt eine kleine, aber erlesene Sammlung antiker Skulpturen und Mosaiken.

In dem schönen, wasserreichen Barock-Park *Jardin de la Fontaine* am Hang des Mont Cavalier sprudelt die legendäre Nemaususquelle. Die Römer haben bei dieser Quelle einen Tempel zu Ehren der Diana errichtet, von dem aber nur noch einige romantische Ruinen übriggeblieben sind. Steigt man den Hang, an den der Park sich anlehnt, hinauf, kommt man zum *Tour Magne,* einem Römerturm vom Ende des 1.Jhs.n.Chr.

mit nicht bekannter Bestimmung. Man kann ihn besteigen und hat von der Plattform aus einen weiten Blick in die Umgebung von Nîmes.

Impérator, Quai de la Fontaine, sehr gutes Restaurant in einem Spitzenhotel. Le Louvre, 2 Square la Couronne, gutes Restaurant in einem alten Hôtel.

Saint-Gilles ist eine kleine, keineswegs schöne Provinzstadt mit einer langen Geschichte, in der Glaubenseifer und Grausamkeiten eine besondere Rolle gespielt haben. Im frühen Mittelalter war das Kloster, dessen Gründung angeblich auf den heiligen Ägidius (= Gilles) zurückgeht, eine wichtige Station der Jakobspilger auf dem Weg nach Santiago de Compostela.

Uns interessiert in Saint-Gilles hauptsächlich die großartige *Portalanlage* an der Westfassade der Abteikirche. Sie entstand zwischen 1180 und 1220 und gilt nach einhelligem Votum der Kunsthistorikerzunft als das bedeutendste plastische Werk der provenzalischen Romanik. Wer unvorbereitet vor dem Portal steht, wird wahrscheinlich zunächst einmal schockiert sein angesichts der vielen grausamen Beschädigungen.

Abteikirche: linkes Portal

Hauptportal: Judaskuß

Doch dann wird auch er viele hinreißend schöne Details entdecken, vor allem Szenen aus dem Leben Christi (Vertreibung der Händler aus dem Tempel, Judaskuß, Geißelung, Kreuztragung), andererseits die dämonischen Tiergestalten, in denen die religiösen Vorstellungen der Kelten fortzuleben scheinen. In der Formensprache sind die Traditionen der römischen Antike nicht zu übersehen: Die Gliederung der Portalanlage erinnert an die bekannten Triumphbögen, das dekorative Element der Säulen, Kapitelle und Friese an eine Theater-Schauwand, wie wir sie von Orange her kennen. Die *Krypta* folgt in ihrem Grundriß der Anordnung der Abteikirche über ihr. Außer dem Grab des Ägidius befindet sich hier eine sehenswerte Sammlung römischer und frühchristlicher Skulpturen. – Der fast vollständig zerstörte alte Chor liegt etwas abseits der heutigen Abteikirche. In der Ruine des nördlichen Glockenturms befindet sich die berühmte *Vis de Saint-Gilles*, eine um 1150 entstandene Wendeltreppe, deren Konstruktion auch nach heutigen Maßstäben noch eine erstaunliche technische Leistung darstellt.

Arles–Nîmes 31 km; Nîmes–Saint-Gilles 19 km; Saint-Gilles–Arles 16 km. Der Besuch von Saint-Gilles läßt sich auch mit der Fahrt durch die Camargue verbinden.

Die Camargue – Les Saintes-Maries-de-la-Mer – Aigues-Mortes

Mit dem Begriff Camargue verbinden sich manche romantischen Vorstellungen, die mit der Realität unserer Zeit nicht mehr viel zu tun haben. Trotzdem sollten Sie, wenn Sie schon einmal bis nach Arles vorgedrungen sind, einen Besuch dieser einzigartigen Landschaft keinesfalls versäumen! Wer hier keine speziellen Interessen verfolgt (Fotografieren, Botanisieren), dem wird für einen Ausflug in die Camargue ein Tag durchaus genügen. Wobei natürlich die Morgen- und Abendstunden viel ergiebiger sind als die Zeiten dazwischen. Je früher man auf den Beinen ist, desto intensiver erlebt man die Landschaft, und ein Sonnenuntergang kann hier zum unvergeßlichen Erlebnis werden.

In vorgeschichtlicher Zeit zog sich ein fjordartiger Meerarm tief ins Binnenland hinein; die Rhônemündung befand sich wenig südlich vom heuti-

gen Montélimar. Im Lauf der Jahrtausende füllten die gewaltigen, von der Rhône angeschwemmten Schlamm- und Geröllmengen den Fjord allmählich auf; die Rhônemündung wanderte immer weiter nach Süden. Es bildete sich ein Delta: Die Camargue, praktisch eine Insel, ist das Mündungsdelta zwischen der *Kleinen* und der *Großen Rhône*. Noch heute schiebt sich die Küste hier immer weiter ins Meer hinaus, das sich freilich an anderen Stellen – z.B. bei Les Saintes-Maries-de-la-Mer – zurückholt, was man ihm dort genommen hat.

Die Kernzone der Camargue ist das 13 000 Hektar große Naturschutzgebiet um den Étang de Vaccarès, die *Réserve naturelle zoologique et botanique*. In dieser von Salzseen und Lagunen geprägten Landschaft lebt vor allem eine Vielzahl von Wasservögeln: Austernfischer, Strandläufer, die berühmten und fotogenen Flamingos, Schnepfen, Säbelschnäbler und zahlreiche Entenarten. In den Süßwassersümpfen wächst Schilf, nisten Reiher, Wasserhühner, Bläßhühner und Feldweihen. Stellenweise haben sich unter dem Einfluß des Süßwassers kleine Landerhebungen gebildet, auf denen salzunempfindliche

Gräser und auch die violette Strandnelke wachsen, die Blume der Gardiens.

Auf dem ebenfalls höhergelegenen Schwemmland an den Rhône-Ufern sind regelrechte Wäldchen entstanden, in denen Falken, Wiedehopfe, Reiher und Käuze nisten. Der Bienenfresser baut sein Nest tief hinein in die brüchigen Ufer der kleinen Kanäle. Hier finden auch Schlangen günstige Lebensbedingungen, und man kann noch Biber sehen, zumindest die Spuren ihrer Nagezähne.

Manche Touristen können nicht begreifen, daß man sie nicht in das Naturschutzgebiet hineinläßt. Doch die Zahl der Touristen in der Camargue wird mit jährlich rund einer Million angegeben, und deshalb ist es leider nicht nur nötig, die Natur – wie es oft etwas schönfärberisch heißt – für den Menschen, sondern auch vor dem Menschen zu schützen. Ohnehin wächst der Druck, der von verschiedenen Seiten auf die Camargue ausgeübt wird, und das nicht erst seit gestern:

Da ist einmal die für die Camargue typische Stier- und Pferdezucht. Die schwarzen, wendigen, verhältnismäßig kleinen Stiere mit den lyraförmigen Hörnern werden nur für den

Kampf – die *Courses à la cocarde* (s. S. 26) – gezüchtet. Zu einer Stierzucht *(manade)* gehören zwischen 100 und 250 Tiere, von denen nur die besten eine Karriere als Kampfstiere machen; der Rest wird geschlachtet. Hinzu kommen die berühmten Camargue-Pferde, ebenfalls nicht groß, aber ausdauernd, zäh und trittsicher, was im Sumpfland eine Frage des Überlebens sein kann. Sie sind die Arbeitspferde der Stierhirten *(gardiens),* werden heute aber auch als Touristen-Reitpferde verwendet. Vor allem auf der Westseite der Camargue, im Vorfeld von Les Saintes-Maries, gibt es hotelartig ausgebaute Ranches *(mas),* deren Gäste unter Führung eines Gardiens Ausritte in die Regionen unternehmen können, die zu Fuß kaum und mit dem Auto schon gar nicht mehr erreichbar sind.

Auch die Schafherden gehören zum vertrauten Bild der Camargue. Es gibt hier ungefähr 80 000 Schafe, die sich von den salzhaltigen Gräsern der oft vom Meerwasser überschwemmten Weiden ernähren (was ihrem Fleisch ein Aroma gibt, das der Feinschmecker zu schätzen weiß). Zu Beginn der heißen Jahreszeit werden die Schafe zu den Bergweiden in den Alpen der *Haute Provence* verfrachtet, von wo sie erst im Oktober zurückkommen.

Neueren Datums ist die Kultivierung des landwirtschaftlich nutzbaren Bodens. Hier ist vor allem der Reisanbau von Bedeutung, mit dem erst vor einigen Jahrzehnten begonnen worden ist, der aber inzwischen eine neue Landschaftsform hervorgebracht hat, vor allem im Gebiet zwischen Albaron und Villeneuve im Norden des Étang de Vaccarès. Seit 1970 ist der Reisanbau rückläufig. Doch hilft er bei der Entsalzung der Böden, auf denen anschließend andere Nutzpflanzen gedeihen können. Dagegen nehmen die Anbauflächen für Wein (Sandweine!), Obst, Gemüse und Spargel noch weiter zu.

Eine bedeutende Rolle spielt seit jeher die Gewinnung von Salz aus dem Meer. Das bei der Pointe de Beauduc aus dem Meer gepumpte Wasser wird durch zahlreiche Vorkonzentrierungsbecken geleitet, bis es verdunstet ist. Ab Ende August wird es im Gebiet von Salin-de-Giraud geerntet. Mit einer durchschnittlichen Jahresproduktion von 600 000 Tonnen ist die hier tätige Gesellschaft einer der größten Salzhersteller Europas.

Mittagsrast der Guardiens

Typisches Camargue-Haus

Doch Landwirtschaft und Salinenproduktion bedeuten für das ökologische Gleichgewicht der Camargue eine vergleichsweise geringe Gefahr angesichts der runden Million touristischer Besucher im Jahr. Und deshalb wird auch an dieser Stelle hier nachdrücklich darum gebeten, die (leider notwendigen) Wegsperren und Verbotstafeln zu beachten, sich überhaupt zurückhaltend und leise zu verhalten. Nur dann besteht nämlich die Chance, daß auch unsere Kinder und Enkel noch die Urlandschaft der Camargue erleben können, wenigstens vom Rande aus, auf einer Route, die ich Ihnen nun empfehle:

Camargue-Rundfahrt. Wir verlassen Arles auf der N 570 (Wegweiser Les Saintes-Maries) und biegen nach wenigen Kilometern in die D 36 ein. Die Straße führt durch Reis- und Getreidefelder. Nach 38 km erreichen wir *Salin-de-Giraud*. Südlich des Ortes dehnen sich weite Salinenfelder. Wir verlassen den Ort in westlicher Richtung, folgen dem Wegweiser nach Faraman. Dort führt ein nur zeitweilig befahrbares Sträßchen am *Étang de Fangassier* vorbei, wo man oft viele Flamingos sieht. Am Nordende des Étang zweigt eine für Autos gesperrte Straße nach Westen ab. Sie führt auf dem Deich über den Leuchtturm Phare de la Gacholle bis nach Les Saintes-Maries (12 km) und kann zu Fuß begangen werden. Unser Sträßchen biegt nach Osten ab und führt dann weiter nach Norden, ein Stück lang unmittelbar am Étang de Vaccarès und damit an der Grenze des Naturschutzgebietes entlang.

In Villeneuve biegen wir nach Westen in die D 37 ein, die wiederum am Naturschutzgebiet entlangführt. Ein kleiner Feldweg zweigt nach Süden zu einem Parkplatz ab; von diesem aus kann man bis zu einem Aussichtspunkt mit Blick auf die Inseln Ilots-des-Rièges gehen. – Die D 37 führt weiter nach *Albaron*, Zentrum des Reisanbaus. Von hier aus fährt man auf der N 570 südwärts bis nach Les Saintes-Maries. Wer seinen Wagen und seine Nerven nicht zu schonen braucht, sollte aber schon vorher, bei *Méjanes*, in eine sehr bald miserabel werdende Piste einbiegen. Der Mas Méjanes ist ein alter Camargue-Hof, zu dem eine große Stierzucht, eine Stierkampfarena sowie eine Reihe touristischer Einrichtungen gehören.

Auf der Piste im Westen des Étang de Vaccarès kann man zeitweise nur im Schrittempo fahren. Hier sollten

Les Saintes-Maries-de-la-Mer

Sie gelegentlich aussteigen und ein paar Schritte beiseite gehen, um die ursprüngliche Camargue auf sich wirken zu lassen. Weiter im Süden passieren wir einige weitere Landhotels im Camargue-Stil mit mehr oder weniger Komfort, in jedem Fall aber mit Reitmöglichkeiten. Von Les Saintes-Maries (s.u.) fährt man am besten auf der N 570 über Albaron direkt nach Arles zurück (42 km).

Sehr empfehlenswert ist der Besuch des *Musée Camarguais* an der N 570, etwa 12 km von Arles entfernt (Information: Syndicat d'Initiative, Arles). In einem alten Camargue-Hof informiert das Museum didaktisch vorbildlich über Vergangenheit, Gegenwart und Zukunft der Camargue, über Tiere und Pflanzen, Wirtschaft und Kultur, nicht zuletzt über die Umweltprobleme der Region!

Les Saintes-Maries-de-la-Mer. Der Hauptort der Camargue verdankt seinen Namen der berühmten provenzalischen Legende, nach der Maria Jakobäa, die Schwester der Mutter Christi, Maria Salome, die Mutter des Apostels Johannes, Sara, die schwarze Dienerin der beiden, der aus der Bibel wohlbekannte Lazarus, seine Schwester Martha, eine Maria Magdalena und noch einige andere Personen aus der Umgebung

Christi (die Angaben wechseln) hier an Land getrieben worden seien. Diese allerersten Christen der Provence zogen weiter in das Land, um die neue Lehre zu verkünden. Nur die beiden Marien und Sara blieben in dem nach ihnen benannten Ort und wurden hier auch begraben.

Schon im frühen Mittelalter wird von Wallfahrten zu den Gräbern der heiligen Marien berichtet. Später gewann besonders die Verehrung der heiligen Sara durch die Zigeuner an Bedeutung, und die beiden Zigeuner-Wallfahrten sind noch heute die bedeutendsten Ereignisse im Ort (s. S. 25). Auch als Badeort hat Les Saintes-Maries im Lauf des letzten Jahrzehnts einen gewaltigen Aufschwung genommen. Es hat sich ansehnlich herausgeputzt, jährlich entstehen neue Hotels, Ferienwohnungen und Restaurants, und der Strand, an dem das Meer mächtig nagt, wird tapfer verteidigt.

Schon von weitem sieht man den mächtigen Kirchturm den Ort überragen. Er gehört zur romanischen Pfarrkirche, die im 12. Jh. erbaut und im 15. Jh. zu einer Wehrkirche erweitert wurde. Aus dieser Zeit datieren auch der Turm und der Ziehbrunnen im Inneren der Kirche. Der Brunnen sollte im Belagerungsfall die Wasser-

Aigues-Mortes: Hafen

Stadtmauer

versorgung sicherstellen. In der Kapelle über dem Chor ist der doppelte Reliquienschrein der beiden Marien aufgestellt, während sich der Schrein mit den Reliquien der heiligen Sara in der Krypta befindet, ebenso eine Statue der Heiligen, zu deren Füßen meist die kleinen Geschenke der Zigeuner liegen. Dreizack und Brenneisen über dem Eingang zur Krypta sind die Attribute der Gardiens, die sich regelmäßig zum Gottesdienst in Les Saintes-Maries treffen.

Im kleinen *Baroncelli-Museum* sind vor allem ausgestopfte Vögel der Camargue sowie typisches Mobiliar und Hausgerät zu sehen. – Etwa 4 km nördlich des Ortes befindet sich ein kleiner Parc Zoologique, in dem man die Camargue-Tiere auch lebend sehen kann.

Mas Calabrun, an der D 85 A, Restaurant im provenzalischen Landhausstil, charmante Chefin, sehr gute Fischgerichte.

Aigues-Mortes. Von Les Saintes-Maries aus kann – und sollte – man einen Abstecher in die Stadt Aigues-Mortes („tote Wasser") machen, die nur 32 km entfernt in westlicher Richtung liegt, am Rande der Petite-Camargue. Aigues-Mortes ist unter König Ludwig IX., dem Heiligen, als

befestigter Hafen angelegt worden, im Laufe der folgenden Jahrhunderte aber völlig versandet. 1248 begann der König von hier aus seinen Kreuzzug nach Ägypten.

Die Stadt selbst, in der das Leben schon vor langer Zeit stehengeblieben zu sein scheint, ist in ihren mittelalterlichen Strukturen noch völlig intakt. Sie bildet ein fast ebenmäßiges Rechteck, das von einer 1700 m langen, 7 m hohen, mit vielen Türmchen und Zinnen bewehrten Mauer umgeben ist. Auf der Mauerkrone kann man die Stadt vollständig umrunden; das lohnt sich und dauert kaum eine halbe Stunde. Nach draußen reicht der Blick über die Lagunen und Salzgärten bis zum Meer.

Der Mauerrundgang beginnt bei der Tour de Constance, einem mächtigen runden Turm, auf dessen Plattform ein Wachtturm steht und der lange Zeit als Gefängnis für politische Gefangene mißbraucht worden ist, vor allem für Hugenotten und andere Opfer der Religionskriege. Ergreifend die Geschichte der Marie Durand, die als 15jähriges Mädchen hier eingeliefert worden ist und 38 Jahre ihres Lebens in dem Turm verbrachte – unerschütterlich in ihrem protestantischen Glauben!

Tarascon

Die Alpilles –
mit Tarascon, Saint-Rémy und Les Baux

Die Alpilles sind ein Miniaturgebirge im Herzen der Provence: etwa 30 km lang und durchschnittlich 7 km breit, bilden sie eine Art Verbindungsglied zwischen den Pyrenäen und der Montagne du Lubéron, sie verlaufen ebenfalls in Ost-West-Richtung und haben sich vor rund 10 Millionen Jahren aufgefaltet. In ihrem höchsten Punkt – la Caume – erreichen sie gerade 387 m. Da man es aber mit ausgeprägten Bergformen zu tun hat, kann man sie für wesentlich höher halten. Man glaubt, man sei noch ziemlich weit entfernt, indessen man ihnen schon sozusagen auf den Füßen steht!

Fast geometrisch genau liegen die Alpilles mitten im Städtedreieck Avignon – Arles – Salon. Da wir das Gebirge nicht nur umrunden, sondern auch durchqueren wollen, legen wir unsere Rundfahrt in Form einer Acht an und beginnen sie in Tarascon, gleich schnell erreichbar von Avignon (23 km) wie von Arles (18 km).

Tarascon

Tarascon war schon zu griechischer und römischer Zeit ein wichtiger Stützpunkt für die Handelsschiffahrt auf der Rhône. Im Mittelalter war es ein befestigter Platz der Grafen von Provence, mit einer gewissen Frontstellung gegenüber Beaucaire auf der anderen Seite des Flusses, das dem König von Frankreich gehörte. Markantestes Bauwerk von Tarascon ist die *Burg,* deren imposante jetzige Gestalt aus dem 15. Jh. stammt. (Schöner Ausblick von der Dachterrasse!) Der „gute König René" hatte hier zeitweilig – im Wechsel mit Aix – seine Residenz. Er war es auch, der 1474 das Tarasque-Fest einführte: ein Spiel zur Erinnerung an das schreckliche, kinderfressende Rhône-Ungeheuer, von dem die Stadt nach der Legende von der hl. Martha befreit worden ist! Der „gute" König

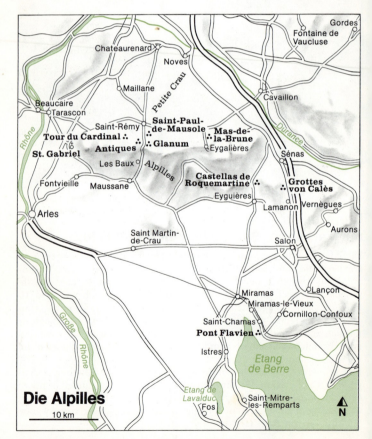

Die Alpilles

10 km

Tarascon

hat sich seinen Beinamen ehrlich verdient. Anno 1479 ließ er den Freudenmädchen der Stadt zwei Florin als Neujahrsgeschenk zukommen, und noch einen weiteren zu Beginn der Fastenzeit. Und er war doch damals schon über 70 Jahre alt! Die der Befreierin von Tarascon geweihte Kirche *Sainte-Marthe* gegenüber der Burg, ursprünglich ein romanischer Bau, ist im 15. Jh. gotisch verändert worden, mußte aber nach dem Willen des Königs René in ihren Dimensionen so gehalten werden, daß sie die Sicht von der Burg und die Verteidigungsmöglichkeiten nicht beeinträchtigte. In der Altstadt innerhalb der Boulevards findet man hübsche Arkadenstraßen und ein beschauliches provenzalisches Geschäftsleben, das noch nicht die Züge moderner Hektik angenommen hat.

Von Tarascon auf der N 570 bis zur Einmündung der D 79 A. Hier kreuzten sich zur Römerzeit die großen Fernstraßen *Via Aurelia* (Italien–Spanien) und *Via Agrippa* (Arles–Lyon). Etwas abseits der Straße steht eine schlichte romanische Kapelle – *Saint-Gabriel,* Ende 12. Jh. – mit hinreißendem plastischen Portalschmuck: Adam und Eva, Daniel in der Löwengrube, Verkündigung. Architektur und Plastik bilden eine ungewöhnliche Kombination aus Erinnerungen an römische Zeiten und romanischen Stilelementen. Die Kapelle inmitten der thymianduftenden Landschaft mit ihren Pinien, Oliven- und Mandelbäumen ist ein sehr provenzalisches Erlebnis!

Etwas weiter im Süden beginnt an der D 33 der Höhenwanderweg – Markierung: GR 6 – über die Alpilles nach Eygalières, empfehlenswert für jeden, der Zeit hat und gern läuft.

Weiter auf der D 33 nach *Fontvieille* mit der berühmten *Daudet-Mühle,* in der Alphonse Daudet die *Lettres de*

mon Moulin (Briefe aus meiner Mühle) geschrieben haben soll, aber nicht hat. Sehr schöne Aussicht! Im Inneren der Mühle ein kleines Museum, in dem man u. a. eine Windrose mit den 32 provenzalischen Winden studieren kann. (In Fontvieille können sich die aus Arles kommenden Alpilles-Rundfahrer „einfädeln".)

La Régalido, Rue F.-Mistral, berühmtes Restaurant in einer alten Mühle, gute Pasteten und Lammgerichte; in einem geschmackvoll restaurierten Hotel.

A la Grâce de Dieu, 90 Avenue de Tarascon, sympathisches provenzalisches Restaurant mit guter Küche, Wildgerichte.

Wir fahren auf der D 33 bis zur nächsten Kreuzung, wo wir links in Richtung Maussane abbiegen. Nach wenigen 100 Metern sieht man die Mauern von zwei römischen Aquaedukten, die das Wasser aus den Alpilles nach Arles führten. Es lohnt sich, dem Aquaedukt rechts der Straße bis zu dem Abhang zu folgen, an dessen Fuß die Ruinen einer wassergetriebenen Weizenmühle, ebenfalls aus der Römerzeit, erkennbar sind.

Weiter nach Maussane, hier links in die D 5 einbiegen und nach 2,5 km nochmals links abbiegen. Vor uns erhebt sich der Hügel, der die Ruinen des Schlosses Les Baux trägt.

Les Baux

Les Baux

Auch wer noch gar nichts weiß über diesen außerordentlichen Platz, wird tief beeindruckt sein zu sehen, wie die grauen Mauern des verfallenen Schlosses aus den grauen Felsen hervorwachsen, als wären sie eins.

🏛 Die Vergangenheit von Les Baux ist verwirrend und blutrünstig. Die Herren, die dem Adlernest hier oben ihren Namen gaben, leiteten ihren Ursprung von Balthazar – einem der „Drei Könige aus dem Morgenland" – ab. Sie waren stolz und herrschsüchtig. Im 11. Jh. besaß die Familie 79 Lehensgüter, Ländereien und Schlösser, nach den Grafen von Provence war sie das mächtigste Geschlecht im Lande.

Poesie und Grausamkeit haben – jedes zu seiner Zeit – eine besondere Rolle gespielt in Les Baux. Hier war einer jener „Liebeshöfe", an dem sich die provenzalischen Troubadours trafen, um von der Hohen Minne und edler Frauen Zucht zu singen – woraus eine literarische Bewegung entstand, die großen Einfluß auf die mittelhochdeutsche Dichtung von Walt-

her von der Vogelweide bis zu Wolfram von Eschenbach bekommen sollte. Doch Poesie schloß die Grausamkeit nicht aus. So wird überliefert, daß Bérengère des Baux einem ihrer Sänger einen Liebestrank gegeben habe, an dem er beinahe starb. Entsetzt entfloh der an einen anderen Liebeshof, doch der Gemahl der Dame, die er dort besang, brachte den Sänger um und ließ der Dame dessen Herz zur Speise vorsetzen! Wenn das nicht wahr ist, so ist es zumindest eine Legende im Geist der Zeit …

Auch die folgenden Jahrhunderte waren nichts weniger als idyllisch und friedlich. Die Geschichte von Les Baux, das zum Schluß ein Zufluchtsort für die französischen Protestanten war, endet damit, daß Kardinal Richelieu die Festung – auf Kosten ihrer Bewohner – schleifen ließ, um das Widerstandsnest zu säubern und die königliche Zentralgewalt auch im Süden des Landes durchzusetzen.

👁 Nicht einzelne Sehenswürdigkeiten, sondern die Ruinenro-

In den Gassen von Les Baux

Olivenernte

mantik machte Les Baux bekannt, die gruseligen Perspektiven auf das zerfallende Mauerwerk, die leeren Fensterhöhlen, die steilen Abstürze hoch oben auf dem Felsplateau über dem Ort. Dieser hat sich, nach jahrhundertelanger Verlassenheit, in der jüngsten Zeit wieder belebt: Boutiquen, Souvenirgeschäfte, Galerien und Restaurants sind in die sorgfältig und liebevoll restaurierten Häuser eingezogen. Nun wirkt der Ort Les Baux museal, mit einem kräftigen Schuß Kommerz dazu. Doch um der Wahrheit die Ehre zu geben: Er wirkt erfreulicher als zuvor, als hier nur noch Ratten und Katzen um ihre Existenz gekämpft haben mögen. Jedem, der einen einigermaßen ungestörten Eindruck von diesem ungewöhnlichen Platz gewinnen will, kann man nur empfehlen, möglichst früh am Tag oder spät am Abend zu kommen. Zwischen 10 und 18 Uhr diktieren Busse und Reisegruppen das Geschehen in Les Baux. Und der individuelle Besucher kommt kaum dazu, auch nur im Vorübergehen aufzunehmen, was er denn doch nicht übersehen sollte: das *Hôtel de Manville* (heute Rathaus, im Obergeschoß ein Museum für moderne Kunst); die Kapelle *Saint-Vincent* aus dem 12. Jh. (schönes Familiengrabmal der Manville; hier wird an Weihnachten die Offrande der Hirten gefeiert, s. S. 25); den idyllischen Platz vor der Kapelle; die Rue Trencat (charakteristisches Straßenbild).

🛏 🍽 u. a. Oustau de Baumanière, hervorragendes Luxusrestaurant in einem ebenso luxuriösen Landhotel. La Cabro d'Or, sehr gutes Restaurant, auch einige Zimmer.

Zurück zur D 5 und nach links abbiegen in Richtung Saint-Rémy. Nahe dem Paß, der über die Alpilles führt, zweigt eine Art Forststraße rechts ab. Auf ihr gelangt man nach 3 km auf die *Caume* (387 m), den höchsten Punkt des Gebirges, mit schönem Blick. Hier treffen wir den schon erwähnten Wanderweg wieder. Wir fahren zurück zur D 5 (s. S. 69) und sind gleich darauf bei den schon zu Saint-Rémy gehörenden antiken Stätten.

Glanum

Mausoleum

Glanum und Antiques

Die vor 60 Jahren begonnenen Ausgrabungen haben drei übereinanderliegende Kulturschichten freigelegt: das kelto-ligurische Quell-Heiligtum, eine terrassenförmige Anlage, vermutlich aus dem 6.Jh.v.Chr. Einige Fundstücke aus dieser Zeit sind im kleinen Museum von Saint-Rémy zu sehen, das ganz den Ausgrabungen gewidmet ist. Dann kamen die Griechen aus Massilia und gründeten ihr Glanon, von dem noch das bei der Quelle errichtete Nymphäum und eine Reihe Wohnhäuser (an der Westseite der Hauptstraße) erkennbar sind. Das römische Glanum begann die griechische Siedlung zu überlagern, nachdem Marius anno 102 v.Chr. die Teutonen besiegt hatte. Es wurde um 270 im Verlauf der großen germanischen Eroberungszüge zerstört.

Die Ausgrabungen in Glanum sind noch im Gang; zur Zeit wird der Bereich um das römische Forum freigelegt. Auch wer „die Steine nicht sprechen" hört, weil ihm die fachlichen Voraussetzungen fehlen, wird beeindruckt sein von diesem Platz, den sich die Menschen schon vor zweieinhalbtausend Jahren ausgewählt haben.

Auf der anderen Straßenseite die beiden Römer-Monumente: Der *Stadtgründungsbogen* – nicht Triumphbogen! – aus der Zeit des Kaisers Augustus markierte den Eingang nach Glanum. An den Fassaden sind Gefangenen-Gruppen dargestellt; der Schwibbogen zeigt ein Ornament aus Früchten der Umgebung. – Das *Mausoleum* ist ein sehr gut erhaltenes Ehrengrabmal, den frühverstorbenen Enkeln des Augustus, Gaius und Lucius, gewidmet. Die vier Seiten des Sockels tragen Flachreliefs mit meist heroischen Motiven, darunter die Amazonenschlacht und der Kampf der Trojer und Griechen um die Leiche des Patroklos.

Ebenfalls noch außerhalb von Saint-Rémy befindet sich die Heilanstalt Saint-Paul-de-Mausole, ein ehemaliges Kloster, in dem sich Vincent van Gogh gegen Ende seines Lebens aufhielt. Viele bekannte Motive seiner Bilder stammen aus der Umgebung.

Kreuzgang von St.-Paul-de-Mausole

Eygalières

Saint-Rémy

Das lebhafte Provinzstädtchen Saint-Rémy liegt zwischen den Alpilles und der fruchtbaren Ebene *Petite Crau* mit ertragreichen Obst- und Gemüsekulturen. Ein Boulevardring zieht sich um den alten, sehenswerten Stadtkern. Im *Museum Hôtel de Sade* (16. Jh.) sind die Ausgrabungsfunde von Glanum ausgestellt, darunter viele Gegenstände des täglichen Gebrauchs. – Saint-Rémy ist eine beliebte Etappenstation für Autobummler durch die Provence.

u. a. Auberge de la Graio, 12 Boulevard Mirabeau, sympathisches Hotel mit Gartenhof und einer respektablen Küche, gute Fischgerichte. Les Arts, 30 Boulevard Victor-Hugo, einfach, gemütlich, gute Küche.

Auf der wunderschönen Platanenallee (N 99) in Richtung Cavaillon, nach 10 km rechts abbiegen. Am Mas-de-la-Brune, einem einstigen Patrizier-Landsitz (1572), vorbei nach Eygalières.

Eygalières

Seine Geschichte beginnt mit der Ankunft der 6. römischen Legion, die das Wasser von hier über einen Aquaedukt nach Arles leitet und ihm den Namen Aquileria (Wassersammelbecken) verleiht. Eygalières liegt dekorativ am Hang eines Hügels, der von einem Uhrturm und einer Burgruine gekrönt wird. Sehr schöne Weiterfahrt auf kleinen Straßen durch die Alpilles, erst nach Süden, dann nach Westen. In Maussane schließt sich der Kreis.

Wer seine Eindrücke von den Alpilles noch vertiefen will, kann den Achter-Kurs voll ausfahren: auf der D 27, noch einmal an Les Baux vorbei, nach Norden bis zum Landsitz Tour du Cardinal (16. Jh.), von hier aus links abbiegend zurück nach Tarascon. Fährt man bei der Tour du Cardinal geradeaus weiter in Richtung Avignon, kommt man nach *Maillane*, dem Geburtsort von Frédéric Mistral. Sein Geburtshaus, der Mas du Juge, steht heute noch. Im vorigen Jahrhundert ist bei Bauarbeiten in Maillane ein Elefantenskelett gefunden worden. Möglicherweise ist das Tier während Hannibals Zug gegen Italien hier verendet.

Salon 35 000 E.

Die Stadt liegt am Ostrand der Plaine de la Crau, ist von weitläufigen Olivenhainen umgeben und ein Zentrum der Produktion von Olivenöl. Sie ist weniger berühmt als Arles, Avignon und Aix, hat aber vielleicht gerade deshalb noch ihren spezifisch provenzalischen Charakter bewahren können. Die Altstadt gruppiert sich um einen Hügel, der von der mächtigen Burganlage der Erzbischöfe von Arles gekrönt wird. Die ältesten Teile dieses *Château de l'Emperi* stammen aus dem 12. Jh., doch ist die Anlage später laufend erweitert und modernisiert worden. Das hier untergebrachte Musée de l'Emperi – ein Armeemuseum, in dem besonders das Zeitalter Napoleons gut repräsentiert ist – muß man nicht unbedingt gesehen haben.

Die Altstadt zu Füßen der Burg wird zur Zeit von Grund auf saniert und restauriert. Am Rande des großen Platzes die Kirche *Saint-Michel* (um 1200) mit teils romanischen, teils gotischen Bauelementen und einem schönen Portal-Tympanon. Bei einem Bummel durch die Altstadt (eine Stunde genügt) kommen Sie bestimmt auch durch den Torturm *Porte de l'Horloge,* einen Uhrturm aus dem 17. Jh., und am schönen *Hôtel de Ville* aus der gleichen Zeit vorbei. In der Rue de Nostradamus 2 steht das Haus, in dem der berühmte Nostradamus (1503–66) die letzten 19 Jahre seines Lebens verbracht hat. Einer alten jüdischen Gelehrtenfamilie entstammend, hatte Nostradamus Medizin studiert und die schwarze Pest in Aix erfolgreich bekämpft. Seinen großen Ruhm erwarb er aber erst als Astrologe und Weissager. Viele Menschen, darunter ein französischer König, suchten ihn auf, um sich von ihm ihre Zukunft voraussagen zu lassen – wobei er nachweislich eine hohe Erfolgsquote hatte. Noch Goethe läßt seinen Faust in einem Buch des Nostradamus nach den letzten Geheimnissen forschen. In dem Haus hat man ein kleines, nur nachmittags geöffnetes Nostradamus-Museum eingerichtet. Das Grabmal des Nostradamus befindet sich in der Kirche *Saint-Laurent* am Nordende der Altstadt. Die Kirche, mit einem romanischen Portal, gehört zu den schönsten Exempeln gotischer Architektur in der Provence. – Auf den Boulevards, welche die Altstadt begrenzen, läßt es sich im Schatten der Platanen hübsch flanieren. Salon hat schöne Geschäfte.

Boissin, 1 Boulevard G.-Clemenceau, gutes Restaurant der Mittelklasse.

Die *Grotten von Calès* (s. S. 9) erreicht man über das Dorf Lamanon 7 km nördlich von Salon. Von der Kirche aus geht man 20 Minuten zu Fuß (Kopfsteinpflaster!) bis zu den Wohnhöhlen der Ligurer, die allerdings auch später noch als Zufluchtstätten benutzt worden sind. Eindrucksvoll die geborgene Lage auf dem Bergsattel! – 5 km westlich von Lamanon liegt die kleine Stadt *Eyguières,* die ihren Namen von den zahlreichen Brunnen hat; einige davon sind noch in Betrieb. Nördlich des Ortes sieht man die Ruinen von *Castellas de Roquemartine,* einer Festungsanlage aus dem 12. Jh. – Von Salon bzw. Eyguières aus kann man sich in die Alpilles-Rundfahrt (s. S. 68 f.) „einfädeln". Ein anderes lohnendes Ausflugsziel ab Salon ist der Aussichtspunkt *Vieux Vernègue* im Nordosten der Stadt, am einfachsten zu erreichen über Pelissanne und Aurons. Das unterhalb einer fast 400 m hohen Anhöhe gelegene alte Vernègue ist zu Beginn dieses Jahrhunderts von einem Erdbeben zerstört worden und darf nicht betreten werden. Von einem Parkplatz aus erreicht man in einer Viertelstunde zu Fuß den Aussichtspunkt mit herrlichem Rundblick. Falls der Wind nicht zu kräftig bläst, ist das auch ein idealer Picknickplatz!

Südlich von Salon wird die provenzalische Landschaft sehr „gemischt". Das Zentrum bildet der binnenmeergroße *Étang de Berre,* mit dem sich heute vor allem die Vorstellung von Ölraffinerien assoziiert. Doch im Norden und Westen, wo sich jenseits der N 569 die karge Ebene der Plaine de la Crau anschließt, hat er auch seine Attraktionen. Als das Leben noch weniger kompliziert, wenn auch riskanter war, war der Raum um den See begehrtes Siedlungsland für Kelten, Griechen, Römer und deren Nachkommen. Wir verlassen Salon auf der N 538, dann N 113 in südlicher Richtung. In *Lançon* kann man das prähistorische *Oppidum Constantine* besichtigen und einen Aussichtspunkt mit schönem Blick über den *Étang de Berre* besteigen (15 Minuten). Auch im nahen *Cornillon-Confoux* sind Überreste eines Oppidum zu sehen sowie einige romanische Kirchen und Kapellen. Bei Saint-Chamas spannt sich der *Pont Flavien* über den Touloubre, eine römische Brücke aus dem 1. Jh., die immer noch benutzt wird. Weiter nach Miramas-le-Vieux, ein fast gänzlich verlassenes Dorf, in dem sich heute wieder Leute mit Zweitwohnungen einnisten.

Das neue Miramas ist eine kräftig expandierende Industriestadt, die wir ebenso schnell hinter uns bringen wollen wie Istres mit seinem großen Militärflughafen. Wer sich gar bis nach Fos an der Küste vorwagt, muß schon ein sehr handfestes Interesse an den Bedingungen und Zwängen haben, unter denen die moderne Wirtschaft heute funktioniert.

Salon

Wir dagegen fahren auf der kleinen D 52a zum *Étang de Lavalduc,* wo wir auf die Ausgrabungen bei dem romanischen Kirchlein *Saint-Blaise* stoßen. Hier hat man die Ruinen der alten griechischen Handelsstadt *Mastramele* entdeckt, einer Niederlassung, welche die Verbindung von Massilia (s. S. 10) ins Hinterland herstellen sollte und vermutlich im 6., wenn nicht im 7. vorchristlichen Jahrhundert gegründet wurde. (Solche archäologischen Datierungen stammen aus Funden von griechischer und etruskischer Keramik am Ort.) Die Bedeutung von Mastramele wuchs in den folgenden Jahrhunderten, wie man an der Größe und Qualität der rekonstruierbaren Bauwerke – z. B. einer mörtellos gefugten Mauer aus dem 4. Jh. v. Jhr. – ablesen kann. Stadtmauern und Befestigungsanlagen von gleichwertiger Qualität dürften damals sonst nur in Griechenland selbst entstanden sein. So liegt die Vermutung nahe, daß die reichgewordenen Kolonialgriechen eigens hellenische Architekten haben kommen lassen, um ihre Stadt zu bauen.

Über Saint-Mitre-les-Remparts und den Ferienort *Martigues* gelangt man auf die Autobahn in Richtung Marseille (s. S. 82).

Cours Mirabeau

Aix-en-Provence 120 000 E.

Wahrscheinlich ist Aix die nach Paris schönste Stadt Frankreichs. Dabei denkt man wohl in erster Linie an den berühmten *Cours Mirabeau,* eine Prachtstraße mit „Weltniveau". Aber Aix ist auch Zentrum für viele kulturelle Aktivitäten, deren alljährlichen Höhepunkt die sommerlichen Musikfestspiele bilden, ist Universitätsstadt (Uni Aix-Marseille), Thermalbad und Kurort, Sitz eines Erzbischofs und eines Appellationsgerichtshofes. Sein angenehmes, mildes Klima hat es seinerzeit schon den Römern angetan. Allerdings ist auch Aix im Lauf der vergangenen Jahrzehnte um einige gesichtslose Neubauviertel „bereichert" worden, die weder den alteingesessenen Bürgern der Stadt noch ihren Besuchern Freude bereiten.

Aix wurde gegründet als *Aquae Sextiae* ein Jahr nach der Zerstörung des saluvischen Oppidums Entremont (s. S. 80) anno 123 v. Chr. durch den römischen Konsul Caius Sextius Calvinus. Der Platz sagte den Römern nicht nur wegen seiner Thermalquellen zu; er bot ihnen auch eine strategisch günstige Lage. Von hier aus operierte der römische Feldherr Marius, als er die Teutonen am Fuß der Montagne Sainte-Victoire im Jahr 102 vernichtend schlug (s. S. 11). Aquae Sextiae wurde die Hauptstadt der römischen Provinz *Gallia Narbonensis Secunda.* Nach dem Zusammenbruch des Römischen Reiches ging es auch mit Aix bergab. Viele Jahrhunderte lang war nun Arles die erste unter den Städten der Provence.

Erst im 13. Jh. kam Aix wieder zu neuer Bedeutung. Die Grafen der Provence residierten zeitweilig, später auf Dauer in der Stadt und gründeten (1409) eine Universität. Bis 1480 residierte dann der „gute König René" in Aix, als Mäzen und Geldausgeber ein echter Renaissance-Fürst. Bald nach seinem Tod fiel die

Provence an die Krone von Frankreich, Aix wurde Sitz des königlichen Gouverneurs und – ab 1501 – des provenzalischen Parlaments, das freilich in der Bevölkerung wenig populär war: *Parlament, Mistral und Durance / sind die drei Geißeln der Provence!* lautete ein Klagevers.

Im 17. Jh. begann, angeregt durch den damaligen Erzbischof Mazarin, eine rege Bautätigkeit, der wir neben dem heutigen Cours Mirabeau die meisten der charakteristischen Adelspalais in der Stadt verdanken.

Cours Mirabeau. Es ist ganz unvermeidlich, daß die erste Bekanntschaft mit Aix auf dem *Cours Mirabeau* beginnt, der mit schattenspendenden alten Platanen bestandenen Prachtstraße und Hauptschlagader der Stadt. Sie wird im Westen durch die kreisförmige Rotonde – offiziell Place du Général-de-Gaulle – mit einem monumentalen Brunnen begrenzt (nahebei das stark frequentierte Spielcasino), im Osten durch die kleine Place de Forbin mit dem König-René-Brunnen. Wo sich der Cours mit der Rue Clemenceau kreuzt, steht ein mit Moos überwachsener Vier-Röhren-Brunnen: aus ihm sprudelt die bereits von den Römern genutzte Thermalquelle.

Eine urbane Funktion erfüllt der Cours Mirabeau auch mit seinen zahlreichen Restaurants und Cafés, unter denen einige noch im prunkvollsten Belle-Epoque-Stil prangen, weil man in Aix glücklicherweise nicht so „fortschrittlich" ist wie in Paris, wo man die meisten dieser Etablissements längst modernisiert hat.

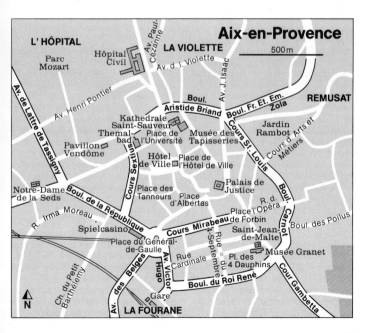

Häuserfront am Cours Mirabeau

L'Hôtel de Ville

Quartier Mazarin. Die Südseite des Cours Mirabeau bildet gewissermaßen die Schauseite des alten Teils der Neustadt, auch *Quartier Mazarin* genannt. In ihm stehen die meisten der rund 70 Adelspalais – Hôtels – aus dem 17. und 18. Jh., erkennbar an ihrer großzügigen Fassadengestaltung, den vorspringenden Gesimsen, den üppigen Fensterumrahmungen und den von Pilastern oder Figuren (Atlanten) flankierten Portalen. Die hervorragendsten Hôtels am Cours Mirabeau sind das *Hôtel d'Isoard de Vauvenargues* von 1710 (Nr. 10), das *Hôtel de Forbin* von 1656 (Nr. 20) und das *Hôtel de Maurel de Pontevès* von 1647 (Nr. 38), in dem sich heute das Rektorat der Universität Aix-Marseille befindet. Wenn Ihr Blick einmal dafür geschärft ist, werden Sie weitere Hôtels bei einem Bummel durch die Straßen des Quartier Mazarin, aber auch in der Rue de l'Opéra sowie auf der Nordseite in den zur Kathedrale hinführenden Straßenzügen entdecken.

Im Quartier Mazarin gibt es noch anderes zu sehen: die *Fontaine des quatre Dauphins* an der Kreuzung der Rue Cardinale und der Rue de 4-Septembre (1667), die gotische Malteserkirche *Saint-Jean-de-Malte* als die Grabkapelle der Grafen von Provence (um 1275) und das *Musée Granet.* Das zur Zeit im Umbau befindliche Museum birgt vor allem keltische Skulpturen des 3. und 2. Jhs. v. Chr., die man im Oppidum Entremont (s. S. 80) gefunden hat. Wer sich freilich noch gar nicht mit den Elementen keltischer Kultur und Religion befaßt hat, wird in ihnen mehr Rätselhaftes als Bewundernswertes finden. Zumindest sollte man vorher in Entremont gewesen sein, um sich ein gewisses Bild machen zu können.

Die Altstadt. Nördlich des Cours Mirabeau erstreckt sich die *Altstadt* mit einer bis zur Kathedrale reichenden Fußgängerzone. Man gelangt über die hübsche Place d'Albertas zur *Place de l'Hôtel de Ville:* Der Uhrturm hat eine astronomische Uhr von 1661 und einen Glockenkäfig aus der Mitte des 15. Jhs., das Rathaus ein schönes Tor aus dem 17. Jh. In ihm ist die einzigartige Méjanes-Bibliothek mit 300 000 Bänden, darunter kostbare Handschriften und Wiegendrucke, untergebracht. (Auskunft über Besichtigungen im Rathaus!)

Folgt man der Fußgängerzone weiter nach Norden, kommt man zur Place de l'Université: links das Hôtel de Maynier d'Oppède (die alte Universität) aus dem Jahr 1730, rechts die Kathedrale *Saint-Sauveur,* an deren romanischer Fassade rechts noch römisches Mauerwerk zu sehen ist. In

Kreuzgang von Saint-Sauveur

Pavillon de Vendôme

der Kathedrale vereinigen sich ganz verschiedene Stilelemente. Am bemerkenswertesten sind: das frühchristliche Baptisterium mit oktogonalem Taufbecken (5. Jh.), das berühmte Triptychon *Der brennende Dornbusch* des provenzalischen Malers Nicolas Froment (1476) und die kunstvollen holzgeschnitzten Portaltüren (1508–10), darstellend die vier Propheten von Israel und die zwölf heidnischen Sibyllen. Während der üblichen Öffnungszeiten befindet sich meist ein Sakristan in der Kirche, der das Triptychon beleuchtet und die Schutzläden der Türen öffnet.

Die ebenfalls zum Kathedral-Schmuck gehörenden flämischen Wandteppiche vom Beginn des 16. Jhs. sind z. Z. nicht zu sehen. Nicht ganz gleichwertigen Ersatz dafür bietet das *Musée des Tapisseries* im ehemaligen Erzbischöflichen Palais rechts hinter der Kathedrale, in dem verschiedene Teppichfolgen aus dem 17. und 18. Jh. ausgestellt sind. Im Innenhof des Palais finden Konzerte im Rahmen der Musikfestspiele von Aix statt. – An die Südseite der Kathedrale schließt sich ebenfalls der romanische Kreuzgang an, dessen Balkendecke von zierlichen Säulenpaaren getragen wird. Sehr schön die figurengeschmückten Kapitelle! Ein kleines Barockjuwel ist der *Pa-*

villon de Vendôme, am nordwestlichen Rand der Altstadt, etwa zehn Fußgängerminuten von der Kathedrale entfernt. Man muß das 1667 erbaute Lustschlößchen nicht unbedingt von innen besichtigen, sondern kann das Ensemble von Architektur und (zurechtgestutzter) Natur auch im Park genießen.

Altstadt und Quartier Mazarin erschließt sich der Besucher am besten zu Fuß. Die Straßen im historischen Aix sind sehr eng, die Verkehrsverhältnisse entsprechend unerquicklich. Doch die folgenden Adressen – für den einzelnen ohnehin von sehr unterschiedlichem Interesse – erreicht man besser mit dem Wagen bzw. Taxi:
Atelier Paul Cézanne (Avenue Paul-Cézanne): Obgleich Cézanne den größten Teil seines Lebens in Aix verbracht hat, kann man das Interesse seiner Vaterstadt an ihrem großen Sohn (als er noch lebte) nur mit „Null" bezeichnen. Auch nach seinem Tode dauerte es noch einige Zeit, bis man erkannte, wen man hier ignoriert hatte. Folge: Aix besitzt kein einziges Ölbild von Cézanne; in der Gemäldesammlung des Musée Granet befinden sich lediglich drei Aquarelle von ihm und eine Aktstudie aus der Ausbildungszeit! Wenigstens ist es gelungen, in dem Atelier des kleinen, im Garten verborgenen Hauses, das er sich für seine Arbeit bauen ließ, die Atmosphäre zu bewahren und den Geist spürbar zu machen, von dem dieser

Internationales Musik-Festival in Aix

Eigenbrötler besessen war: seine Vorstellung im Bild zu realisieren!

Cézanne-Verehrern bleibt indessen noch ein anderes: Sie können den Spuren des Meisters folgen und die ihnen wohlbekannten Motive in natura wiederzuentdecken versuchen. Dazu eignet sich am besten die *Route de Tholonet,* heute auch Route Paul Cézanne genannt, die Aix in Richtung Osten verläßt – im Blick die Montagne Sainte-Victoire, eines der von Cézanne am meisten verwendeten Landschaftsmotive.

Wäre Cézanne unser Zeitgenosse gewesen, hätte er von seinem Kollegen Victor de Vasarely (geb. 1908 in Ungarn) lernen können, wie man sich „erfolgreich" vermarktet. 4 km westlich von Aix, auf einem Hügel oberhalb der Autobahn, demonstriert der hochmoderne Bau der *Stiftung Vasarely,* wie man einen Namen bekannt macht: Die Stiftung ist eine didaktisch hervorragend präsentierte Sammlung von Vasarely-Werken, insbesondere von 42 monumentalen Wandflächen-Integrationen, ferner von zahlreichen Forschungsarbeiten, Studien und Entwürfen zum Thema Kunst und Stadt, um das sich Vasarely in der Tat verdient gemacht hat. Ein Besuch ist sehr lohnend für jeden, der sich für die visuellen Strukturen unseres Lebens heute und morgen interessiert!

Zurück in die tiefste Vergangenheit führt uns ein Besuch des *Oppidum d'Entremont,* das man auch mit Bussen erreichen kann, die halbstündlich von der Bar Corona am Boulevard de la République abfahren. Die Ruinen der ligurisch-keltischen Stadt, auf einer Anhöhe oberhalb von Aix gelegen, sind vermutlich die Überreste der Hauptstadt der Saluvier, die von den Römern bis auf die Grundmauern zerstört worden ist, bevor sie ihr Aquae Sextiae in unmittelbarer Nähe gründeten. Der Laie kann sich nur nach vorherigem Literaturstudium ein Bild von dieser Stadt machen, vermag aber immerhin zu erkennen, daß sie aus einer Unter- und einer Oberstadt bestand; in der letzteren, die noch einmal durch eine Mauer abgeschirmt war, befand sich das Heiligtum der Bewohner. Niemanden aber wird die beherrschende Lage des Oppidum unbeeindruckt lassen.

Charvet, 9 Rue Lacépède, elegantes, sehr gutes Restaurant. La Brocherie, 5 Rue Fernand-Dol, gutes „bürgerliches" Restaurant.

A Die *Montagne Sainte-Victoire* den Hausberg von Aix zu nennen, läßt den mächtigen Höhenzug im Osten der Stadt gemütlicher erscheinen, als er ist. Aber es gehört zu einem Besuch von Aix, dem alten heiligen Keltenberg, dem Zeugen einer blutrünstigen Römer-Germanen-

Sainte-Victoire-Massiv

Das Schloß von Vauvenargues

Schlacht aufs steinerne Haupt zu treten.

Wir verlassen Aix auf der D 10 in östlicher Richtung und fahren durch ein windgeschütztes, idyllisches Tal, am Stausee von Bimont vorbei, bis wir nach 12 km beim Gehöft *Les Cabassols* ankommen. Von hier steigen wir auf verhältnismäßig bequemem Weg (60–90 Min.) zum verlassenen Kloster *Notre-Dame de Sainte-Victoire* auf, wo noch ein einfacher Raum als Unterkunft für Bergwanderer dient. Weiter in wenigen Minuten zum hohen *Kreuz der Provence* (969 m) mit prachtvollem Ausblick: im Norden bis zum Mont Ventoux, im Süden bis zum Meer.

Ein leiser Verwesungshauch der Geschichte weht uns an: Im Südosten unter uns liegt, kaum beachtet, das Dorf *Pourrières*. Hier ist es gewesen, wo die römischen Legionen des Marius sich mit den bis dahin unaufhaltsam vordringenden Teutonen eine der blutigsten Schlachten aller Zeiten lieferten. 100 000 Teutonen sollen hier gefallen sein und das Schlachtfeld gedüngt haben, so berichten die römischen Geschichtsschreiber, 100 000 weitere in die Sklaverei geschickt worden sein. Der Name des harmlosen Dorfes spricht für sich: Pourrières = campi putridi = verwesende Felder ...

Zurück zum Ausgangspunkt: 2 km hinter Les Cabassols träumt, still und bezaubernd, das Dörfchen *Vauvenargues* mit seinem Schloß. Heute gehört das Schloß der Witwe des Malers Picasso, der im Park begraben liegt. (Schloß und Park sind nicht zu besichtigen; eine kleine Tafel unterstreicht den verständlichen Wunsch: n'insistez pas!)

Wer von hier aus nicht gleich wieder nach Aix zurück will, sondern noch zwei, drei Stunden Zeit hat, kann die Montagne Sainte-Victoire auch ganz umrunden: über Le Puits-de-Rians, Pourrières, Puyloubier und die Route Paul Cézanne. Eine lohnende, landschaftlich reizvolle Fahrt mit vielen Ausblicken auf die Montagne Sainte-Victoire!

Kunstgeschichtlich besonders Interessierte können noch ein Stück weiter nach Osten ausholen, bis zum Städtchen *Saint-Maximin-la-Sainte-Baume* (an der N 7, 43 km von Aix). Hier steht die einzige gotische Kirche der Provence von Bedeutung. Mit ihrem Bau nach dem Vorbild der nordfranzösischen Kathedralen ist 1295 begonnen worden; erst im 16. Jahrhundert wurden die Bauarbeiten abgeschlossen. Das typisch Provenzalische an der Kirche sieht man an ihren einfachen, gedrungenen Formen; auch ist der Außenschmuck sehr viel weniger überschwenglich als bei den Vorbildern.

Der alte Hafen

Marseille ca. 1 Million E.

Die Metropole des Midi, zweitgrößte Stadt und größte Hafenstadt Frankreichs, hat ihre Widersprüche: Sie ist auch die älteste Stadt im Lande, eine Gründung der Griechen (s. S. 9); von der griechischen Kolonie Massilia strahlte die mediterrane Kultur nach Norden aus. Doch von alledem ist kaum noch etwas zu spüren. Nicht nur, weil die deutschen Besatzungstruppen im Jahr 1943 den ältesten Stadtteil von Marseille zwischen *Altem Hafen* und dem Accoules-Kirchturm gesprengt haben (als Sanierungsmaßnahme, hieß es damals, aber zweifellos hat man auch den Verstecken der Widerstandsbewegung beikommen wollen).

Marseille war nie eine Stadt, in der sich Kultur und Kunst hätten konservieren lassen. Dazu war sie immer zu vital, und die geballte industrielle und wirtschaftliche Kapazität der Umgebung hat sie auch nicht gerade attraktiver gemacht. So werden für den Provence-Reisenden ohne spezielle Absichten ein paar Stunden genügen, um etwas Atmosphäre zu schnuppern und die obligate Bouillabaisse am Alten Hafen zu probieren. (Von Aix aus ist Marseille mit Bahn oder Bus erreichbar: ca. 45 Min.) Der *Vieux Port,* der Alte Hafen, ist erhalten geblieben. Bis zur Mitte des vergangenen Jahrhunderts war er das einzige Hafenbecken der Stadt; heute sind hier nur noch kleinere Fischerboote und Yachten zu sehen. Die Fähren und Überseeschiffe legen an den Kais des neuen Hafens an. Niemand wird es sich nehmen lassen, hier zu verweilen, sei es mit oder ohne Einkehr in einem der zahlreichen Bouillabaisse-Restaurants; denn am Vieux Port schlägt das Herz von Marseille.

Zum zwanglosen Bummel lädt auch die *Canebière* ein, die betriebsame Hauptgeschäftsstraße von Marseille, die früher freilich unterhaltsamer war. Auch darin ist sie den Champs-Elysées in Paris vergleichbar. Man-

Marseille

chem wird daher die ebenfalls berühmte *Corniche* besser gefallen, die etwa 7 km lange Prachtstraße, die am Meer entlangführt und schöne Ausblicke bietet. Sie ist allerdings nichts für Fußwanderer. Wer nicht mit dem Wagen gekommen ist, sollte sich ein Taxi leisten!

Es wird sich kaum umgehen lassen, daß man Ihnen eine Motorbootfahrt vom Quai de Belge hinaus zum *Château d'If* anbietet. Nehmen Sie an! Diese Fahrt ist die einzige Chance, Marseille vom Meer aus kennenzulernen; erst von hier aus begreift man ihre Ausmaße, die souveräne Bauweise, ihre Charakteristika, ihre bizarren Umrisse und auch die erstaunliche Größe des Hafens. Die Besichtigung der Festung, in der zahlreiche politische Gefangene sowie die literarische Gestalt des Grafen von Monte-Christo (nach Alexander Dumas) eingesperrt waren, ist nicht umwerfend. Um so schöner wieder der Blick von der Dachterrasse des Saint-Christophe-Turmes!

Hafengasse

Pharo; keineswegs billig, aber vergleichsweise preiswert.

Le Caribou, 38 Place Thiers, originelles, volkstümliches Restaurant, reiche Auswahl an Fischgerichten. Chez Maurice Brun, 18 Quai Rive-Neuve, sehr gutes, sehr anspruchsvolles provenzalisches Restaurant. Au Pescadou, 19 Place Castellane, spezialisiert auf Austern, Muscheln und andere Meeresfrüchte, sehr gut.

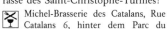 Michel-Brasserie des Catalans, Rue Catalans 6, hinter dem Parc du

Was man gerne wissen möchte

Land und Leute im Spiegel von Zahlen und Fakten

Die Republik Frankreich ist 551 208 qkm groß und hat ca. 52 Millionen Einwohner. Ihre landschaftlichen Strukturen sind sehr vielfältig. Frankreich hat mit dem Montblanc (4807 m) den höchsten Berg Europas, es hat weitläufige Mittelgebirge und abwechslungsreiche Küsten. Die Länge seiner Strände am Atlantik und Mittelmeer beträgt insgesamt 3 120 km.

Die weitaus größte Stadt Frankreichs ist Paris mit über 3 Millionen, im Ballungsraum mit über 9 Millionen Einwohnern. Es folgen Lyon mit 1 150 000 und Marseille mit 918 000 Einwohnern. Über 20 weitere Städte zählen mehr als 100 000 Einwohner. Die Verstädterung ist hier also noch nicht so weit fortgeschritten wie in der Bundesrepublik Deutschland. Dennoch geht auch in Frankreich der Anteil der bäuerlichen Bevölkerung laufend zurück. Heute leben etwa 36% der Franzosen von Industrie und Bergbau, 27,5% von Land- und Forstwirtschaft; die öffentlichen Dienste beschäftigen etwa 15%.

Das in diesem Urlaubsberater beschriebene Gebiet umfaßt die Départements Vaucluse und Bouches-du-Rhône vollständig sowie die angrenzenden Regionen der Départements Gard, Alpes de Haute-Provence und Var. (Der provenzalische Küstenstreifen bis zur italienischen Grenze wird in dem Urlaubsberater *Frankreichs Mittelmeerküste* behandelt.) In diesem Gebiet leben rund 2,2 Millionen Einwohner, darunter nur noch gut die Hälfte von provenzalischer Herkunft.

Klima, Reisezeit

Die schönsten und klimatisch am besten geeigneten Reisemonate sind der Mai, die erste Hälfte Juni und der September. Im April und Oktober kann es recht frisch, im Juli und August sehr heiß sein. Doch selbst im Hochsommer läßt sich die Hitze ertragen, wenn man sich ihr nicht um die Mittagszeit, womöglich im glühenden Auto, aussetzt, weil die provenzalischen Winde immer wieder für Abkühlung sorgen. Dennoch raten wir von einer Hochsommer-Reise in die Provence ab, weil da die Straßen, Hotels und Restaurants voll und die Preise hoch sind. (Über das Klima s. auch S. 6.)

Anreisewege

... mit dem Wagen

Wer aus Mitteleuropa kommt, fährt meistens – sei es über Mülhausen und Besançon, sei es über Genf – ab Lyon auf der Rhônetal-Autobahn in die Provence. Das ist zweifellos die einfachste und schnellste Route, wenn auch die Mautgebühren kräftig zu Buche schlagen! Wer auch die Anfahrt schon zum Reiseerlebnis machen will, dem schlagen wir zwei Alternativen vor: die eine führt parallel zur Autobahn über schöne, beschauliche Landstraßen (s. S. 29 f.), die andere via Grenoble durch die Alpen (s. S. 35 f.).

... mit dem Autoreisezug

Autoreisezüge verkehren auf den direkten Strecken Metz–Avignon und Straßburg–Avignon. Sie sind nicht billig, aber sehr beliebt; man muß die Billets also rechtzeitig – d. h.: mehrere Monate vorher – bestellen!

... mit der Bahn

Wer die Provence kennenlernen will, muß beweglich sein. Denn Sehenswürdigkeiten und Attraktionen verteilen sich über die ganze Landschaft. Deshalb wendet sich dieser Urlaubsberater vor allem an die Autofahrer. Wer das Reisen mit der Bahn vorzieht, muß dennoch nicht auf die Provence verzichten. Die Bahnverbindungen nach Avignon, Arles, Aix und Marseille sind schnell und angenehm. Von diesen Städten aus gibt es gute Busverbindungen in die Umgebung. Außerdem kann man natürlich einen Leihwagen mieten. Die französische Eisenbahn – S. N. C. F. – hat in

Aix, Arles, Avignon, Nîmes, Orange und Marseille den Service Auto am Bahnhof eingerichtet.

... mit dem Flugzeug

Die Flugverbindungen sind weniger gut. Der einzige internationale Flughafen befindet sich in Marseille-Marignan und wird ab Frankfurt direkt angeflogen. Nîmes und Toulon sind nationale Flughäfen, die nur über Paris zu erreichen sind.

Paß- und Zollbestimmungen

Bei einem Aufenthalt von höchstens drei Monaten ist kein *Visum* erforderlich, nur ein gültiger *Reisepaß* oder *Personalausweis.*

Bei der *Einreise* sind Gegenstände des persönlichen Bedarfs grundsätzlich zollfrei. Dazu gehören auch Photoapparate, Filmkamera, Tonbandgerät, tragbares Radio oder Fernsehgerät, zwei Jagdgewehre mit je 100 Patronen, Reiseschreibmaschine, die übliche Campingausrüstung; ferner 300 Zigaretten oder 75 Zigarren oder 400 g Tabak, 4 Liter Wein, 1,5 Liter Spirituosen.

Bei der *Rückreise* sind Reiseandenken und Geschenke zollfrei, wenn sie nicht einen Wert von über 460,– DM besitzen. Reisende, die über 17 Jahre alt sind, dürfen pro Kopf 300 Zigaretten, 4 Liter Wein und 1,5 Liter Spirituosen mit einem Alkoholgehalt von mehr als 22% bzw. 3 Liter Aperitif mit einem Alkoholgehalt von 22% oder weniger in die Bundesrepublik einführen. Tip: Wer etwa in der Provence seinen Lieblingswein entdeckt hat, braucht trotzdem nicht auf die Mitnahme einer größeren Anzahl von Flaschen zu verzichten. Wenn er sie an der Grenze ordnungsgemäß deklariert, muß er zwar einen Zoll dafür bezahlen, doch kommt er damit immer noch vorteilhafter weg als beim Einkauf in seinem Heimatort.

Währung und Wechselkurse

Die gültige Landeswährung ist der Franc (F.) = 100 Centimes (c.). Im Umlauf befinden sich Münzen bis zu 10 F. sowie Banknoten zu 5, 10, 50, 100 und 500 F. Der zur Zeit gültige Wechselkurs ist 1 FF = 0,43 DM. Die Einführung von Devisen unterliegt keiner Beschränkung. Das Zahlen mit Schecks ist in Frankreich noch nicht allgemein üblich. In vielen Geschäften und Restaurants steht unübersehbar zu lesen: „On n'accepte pas de Cheques!" (Schecks werden nicht angenommen). Doch zumindest *Eurocheques* werden von allen französischen Geldinstituten eingelöst.

Versicherungen

Der Abschluß einer *Reisegepäckversicherung* ist zu empfehlen. Ob sich eine zusätzliche Auslands-Krankenversicherung lohnt, hängt von den Leistungen Ihrer Krankenkasse ab. Wer mit dem Auto unterwegs ist, fährt für den Fall des Falles gut mit einer *Vollkaskoversicherung* für die Dauer des Urlaubs. Eine sehr nützliche Einrichtung ist auch der Auslandsschutzbrief des ADAC.

Einkäufe zu Hause

Hochwertige *Reiseverpflegung* mitzunehmen, was in anderen Ländern durchaus angebracht sein kann, ist für Frankreich wenig sinnvoll. Empfehlenswert ist dagegen einiges Picknickgerät (Brettchen, Messer, Becher, Servietten usw.), wenn man nicht zwei volle warme Mahlzeiten pro Tag zu sich nehmen will. *Filmmaterial* bekommt man in Deutschland, Österreich und der Schweiz günstiger als in Frankreich. Auch mit geeignetem Schuhwerk versorgt man sich am besten zu Hause, weil die Auswahl an Ort und Stelle oft bescheiden ist.

Feiertage

1. Januar, Ostermontag, 1. Mai (Tag der Arbeit), Christi Himmelfahrt, Pfingstmontag, 14. Juli (Nationalfeiertag), 15. August (Mariä Himmelfahrt), 1. November (Allerheiligen), 11. November (Waffenstillstandstag 1918), 25. Dezember.

Öffnungszeiten

Sie sind, wie man es in einem Land der Individualisten nicht anders erwarten kann, sehr individuell. *Behörden:* Wer kein Risiko eingehen will, spricht am besten vormittags zwischen 9 und 12 Uhr vor. Dann ist in der Regel Mittagspause, und ob nachmittags noch einmal Publikumsverkehr zugelassen wird, ist nicht sicher. *Banken:* Sie sind im allgemeinen von 9 bis 12 und von 14 bis 16 Uhr geöffnet; Ausnahmen gibt es in kleineren Orten. Samstags und sonntags bleiben die Banken überall geschlossen. *Geschäfte:* Nur für die größeren Geschäfte in den größeren Städten gelten einheitliche Regelungen: Geöffnet von 9.30–18 Uhr. Wer sich daran nicht halten will, wird nicht dazu gezwungen. Im allgemeinen muß man mit längeren Mittagspausen rechnen, etwa zwischen 13 und 16 Uhr. Dafür haben die Geschäfte abends länger auf. Lebensmittelgeschäfte haben auch Samstag nachmittags und Sonntag vormittags geöffnet, dafür oft montags geschlossen. *Museen:* Auch hier sind die Öffnungszeiten sehr individuell. Größere Museen in staatlichem Besitz haben an Sonntagen geöffnet und bieten sogar freien Eintritt. Museen in Privatbesitz haben dagegen an Sonn- und Feiertagen grundsätzlich geschlossen. Der traditionelle Museums-Ruhetag ist der Dienstag; er ist aus praktischen Gründen teilweise vom Montag abgelöst worden.

Apotheken, ärztliche Versorgung

Apotheken sind durch ein großes grünes Kreuz gekennzeichnet. Hier kann man auch die Adressen des nächsten zuständigen Arztes sowie der Krankenhäuser mit ambulanten Abteilungen erfragen.

Post und Porto

Ansichtspostkarten aus Frankreich kosten 1,20 F., *Briefe* 1,40 F., *Luftpostzuschläge* werden innerhalb Europas nicht erhoben. Briefmarken erhält man in den Tabakverkaufsstellen der Bars und Bistros, in deren Nähe sich auch stets ein Briefkasten befindet, und in den Hotels. Außerdem natürlich in den Postämtern. Diese sind montags bis freitags von 8–19, samstags von 8–16 Uhr geöffnet.

Telefon

Das Telefonieren in Frankreich setzt starke Nerven voraus, weil man mit vielen gestörten Verbindungen, schlechter Verständigung (innerhalb Frankreichs schlechter als international) und mancherlei ungewohnten Geräuschen rechnen muß. Die öffentlichen Fernsprecher sind durch ein schwarzgelbes Schild in Form einer Wählscheibe gekennzeichnet. Sie stehen auch in bestimmten Bars, wo man aber nichts konsumieren muß, um telefonieren zu dürfen. Dort werden auch die Jetons verkauft (50 c.), die man in den Münzapparat stecken muß.
Bei *Auslandsgesprächen* im Selbstwählverkehr wählt man erst die internationale Nummer 19, wartet das Amtszeichen ab und dreht dann die Vorwahlnummer: 49 für die Bundesrepublik Deutschland, 43 für Österreich, 46 für die Schweiz. Um etwa 50 Prozent teurer, aber weniger mühsam ist es, wenn Sie Ihr Auslandsgespräch vom Hotel aus führen. Grundsätzlich sind Auslandsgespräche in Frankreich relativ günstig.

Tabak, Zigaretten

Üblicherweise kauft man seinen Rauchbedarf in einer der zahlreichen Bars, denen eine Verkaufsstelle für Tabakwaren angeschlossen ist. Diese Bars sind außen durch einen roten Doppelkonus gekennzeichnet, der angeblich eine stilisierte Kautabaksrolle darstellt. In den größeren Orten gibt es auch Spezialgeschäfte.

Trinkgelder

Von wenigen Ausnahmen abgesehen, ist das Trinkgeld heute in den Hotel- und Restaurantrechnungen bereits enthalten: *service compris* (= s. c.). Damit erübrigt sich das Trinkgeld als Anerkennung und Ausdruck der Zufriedenheit aber noch nicht. Zur hohen Reisekunst gehört es daher, im individuellen Fall das rechte Maß zu finden. Wer sich darauf versteht, hat mehr von seiner Reise. Merke: Der geizige Gast macht sich nicht beliebt, der Protz aber auch nicht! Taxifahrer, Gepäckträger, Friseure dürfen ein Trinkgeld von ca. 8–10 Prozent des Rechnungsbetrages erwarten. Platzanweiserinnen im Theater oder Kino bekommen 1 bis 2 F.

Zeitungen

Das Angebot an deutschen Zeitungen ist nicht überwältigend. Nur wenige Händler halten es für der Mühe wert, ausländische Zeitungen zu führen, und zu haben ist meistens nur die Boulevardpresse von vorvorgestern. Wer länger an einem Ort bleibt, sollte sich daher sein Leib- und Magen-Blatt nachschicken lassen.

Reiseliteratur

Es ist fast unmöglich, in Frankreich ohne den *Michelin* zu reisen, also den jährlich neu erscheinenden Hotel- und Restaurantführer Michelin – France. In dieser Kombination und in seiner Zuverlässigkeit ist er konkurrenzlos. Feinschmecker interessieren sich natürlich vorzugsweise für die mit einem, zwei oder drei Sternen ausgezeichneten Restaurants, über deren Berechtigung sich trefflich debattieren läßt.

Für Feinschmecker gibt es neuerdings eine noch interessantere Lektüre: den ebenfalls jährlich erscheinenden *Gault-Millau*. Er bringt eine größere Auswahl an empfehlenswerten Lokalen und zensiert nicht so streng-starr wie der Michelin. Auch begründet er seine Wertungen – eine unterhaltsame, anregende Lektüre!

Ein sehr empfehlenswerter Hotelführer wiederum ist *Logis de France et Auberges rurales*, in dem nur kleinere und mittlere Familienhotels aufgeführt sind und auch nur solche in kleinen oder mittleren Orten. Wer sich an diesem Führer orientiert, spart unter Umständen nicht nur ein schönes Stück Geld, sondern erlebt auch das traditionelle Frankreich ursprünglicher als in den großen Hotels der großen Städte.

Wer spezielle kunsthistorische Interessen hat und tiefer in die provenzalische Kunst eindringen will, dem sei der vorzügliche DuMont Kunst-Reiseführer *Die Provence* von Ingeborg Tetzlaff empfohlen!

Touristische Informationen

Jeder für den Fremdenverkehr einigermaßen interessante Ort hat ein Auskunftsbüro. Es heißt *Syndicat d'Initiative* – abgekürzt: S.I. – und befindet sich immer im Ortszentrum.

Für Informationen von Deutschland aus wendet man sich am besten an das *Amtliche Französische Verkehrsbüro,* 6000 Frankfurt am Main, Kaiserstr. 12; Tel. (06 11) 75 20 29.

Die folgenden Seiten sollen in erster Linie den Lesern helfen, denen die französische Sprache gänzlich fremd ist. Wer sich mehr Redewendungen und einen größeren Wortschatz aneignen möchte, dem sei der Polyglott-Sprachführer „Französisch" empfohlen, aus dem diese Seiten entnommen sind. Wer es noch genauer wissen möchte, der kaufe sich den Langenscheidt-Sprachführer und das Langenscheidt-Universal-Wörterbuch.

Kleiner Sprachhelfer

Aussprachezeichen

[ā]	wie in Vater	[ȫ]	wie in schön
[ã]	nasaliertes a	[ŏ]	wie in öffnen
	wie in Orange	[ṏ]	nasaliertes ö
[e]	wie in jeder		wie in Parfum
[e]	wie in Gelage	[ū]	wie in tun
[ã̈]	nasaliertes ä	[ŭ]	wie in amüsieren
	wie in Cousin	[ŭ̈]	wie in Mühle
[ī]	wie in Dieb	[G]	wie in Genie
[ō]	wie in Boden	[s]	stimmhaftes s
[ŏ]	wie in Post		wie in Rose
[õ]	nasaliertes o	[ß]	stimmloses s
	wie in Kompagnon		wie in Roß

' = Betonungszeichen (hinter dem Selbstlaut der betonten Silbe)

Ausspracheregeln

c	vor *a, o, u* wie k		ge	vor *a, o, u* wie g
	vor *e, i, y* wie s			in Genie
ç	wie s		gu	vor *e, i, y* wie g
ch	vor Selbstlauten		gn	wie nj
	wie sch		j	wie g in Genie
	vor Mitlauten		qu	wie k
	wie k		v	wie w
g	vor *a, o, u* wie g		z	wie s in Rose
	vor *e, i, y* wie g			
	in Genie			

Bei den Nasallauten darf das deutsche *ng* **n i c h t** gesprochen werden.

Allgemeines

Ja / Nein.	Oui / Non	ui / nõ
Danke	Merci.	märßi'
Herr / Frau	Monsieur / Madame	mᵉßjō' / mada'm
Fräulein	Mademoiselle	madmuasä'l
Guten *Morgen (Tag)*.	Bonjour.	bõGū'r
Guten Abend.	Bonsoir.	bõßuā'r
Gute Nacht.	Bonne nuit.	bŏn nŭi'

Auf Wiedersehen.	Au revoir.	orᵉwuā'r
Wann *ist (sind)* ... geöffnet?	Quelles sont les heures d'ouverture de ...?	käl ßŏ lesö'r duwärtü'r deᵉ
Wann *wird (werden)* ... geschlossen?	Quand est-ce qu'on ferme .., ?	kätäßkŏ' färm
Wie komme ich *nach (zum, zur)* ...?	Comment puis-je aller à ...?	kŏmä' pŭi'Ǥᵉ ale a'
Wo bekomme ich ...?	Où puis-je trouver...?	u pŭi'Ǥᵉ truwe'
Ich brauche ...	J'ai besoin de ...	Ǥᵉ bᵉsuä' dᵉ
Ich möchte ...	Je voudrais ...	Ǥᵉ wudrä'
Haben Sie ...?	Avez-vous ...?	awewu'
Wieviel kostet das?	Cela fait combien?	ßla fä kŏbjä'
Das gefällt mir.	Cela me plaît.	ßla mᵉ plä
Das gefällt mir nicht.	Cela ne me plaît pas.	ßla nᵉ mᵉ plä pa
Das ist zu teuer.	C'est trop cher.	ßä trŏ schär
Haben Sie nichts *Billigeres (Besseres)?*	N'avez-vous rien de moin cher (de mieux)?	nawewu' rjä dᵉ muä schär (dᵉ mjŏ)
Wann ist es fertig?	Quand cela sera-t-il prêt?	kä ßla ßᵉrati'l prä
Können Sie wechseln?	Pouvez-vous changer?	puwewu' schäǤe'
Wieviel Uhr ist es?	Quelle heure est-il?	kälö'r äti'l
Ich verstehe Sie nicht.	Je ne vous comprends pas.	Ǥᵉ nᵉ wu kŏprä' pa
Verzeihung!	Pardon!	pardŏ'
Entschuldigen Sie!	Excusez-moi!	äkßkŭseʼ mua'
Sonntag / Montag	dimanche / lundi	dimä'sch / lŏdi'
Dienstag / Mittwoch	mardi / mercredi	mardi' / märkrᵉdi'
Donnerstag / Freitag	jeudi / vendredi	Ǥŏdi' / wädrᵉdi'
Sonnabend (Samstag)	samedi	ßamdi'
Feiertag / Ostern	jour férié / Pâques	Ǥūr ferje' / pāk
Pfingsten / Weihnachten	Pentecôte / Noël	pätkŏ't / nŏä'l
Januar / Februar	janvier / février	Ǥäwje' / fewrje'
März / April	mars / avril	marß / awri'l
Mai / Juni	mai / juin	mä / Ǥuä'
Juli / August	juillet / août	Ǥŭijä' / u
September / Oktober	septembre / octobre	säptä'brᵉ / ŏktŏ'brᵉ
November / Dezember	novembre / décembre	nŏwä'brᵉ / deßä'brᵉ
heute / gestern	aujord'hui / hier	ōǤurdŭi' / jär
morgen / übermorgen	demain / après-demain	dᵉmä' / aprädᵉmä'
um 11 Uhr / um 17 Uhr	à onze heures / à dix-sept heures	a ŏsŏ'r / a dißätŏ'r
um Viertel *vor (nach)* 11 Uhr	à onze heures moins le quart (un quart)	a ŏsŏ'r muä lᵉ kär (ŏ kär)
um 12 Uhr / 12 Uhr 30	à midi / à midi trente	a midi' / a midi' trät

1	un	ŏ		8	huit	ŭi't
2	deux	dŏ		9	neuf	nŏf
3	trois	trua'		10	dix	diß
4	quatre	ka'trᵉ		11	onze	ŏs
5	cinq	ßäk		12	douze	dūs
6	six	ßiß		13	treize	träs
7	sept	ßät		14	quatorze	katŏ'rs

15	quinze	kãs	60	soixante	ßuaßã't
16	seize	ßäs	70	soixante-dix	ßuaßãtdi'ß
17	dix-sept	dißä't	80	quatre-vingt	katrewã'
18	dix-huit	disŭi't	90	quatre-vingt-dix	katrewãdi'ß
19	dix-neuf	disnŏ'f	100	cent	ßã
20	vingt	wã	110	cent dix	ßãdi'ß
21	vingt et un	wãteŏ'	200	deux cent	dŏßã'
22	vingt-deux	wãdŏ'	1.000	mille	mil
30	trente	trãt	2.000	deux mille	dŏmi'l
40	quarante	karã't	10.000	dix mille	dimi'l
50	cinquante	ßãkã't	100.000	cent mille	ßãmi'l

die Hälfte / ein Drittel	la moitié / un tiers	la muatje' / ŏ tjär
ein Viertel / ein Zehntel	un quart / un dixième	ŏ kär / ŏ disjä'm
Sekunden / Minuten	secondes / minutes	ßegõ'd / minŭ't
Stunden / Tage	heures / jours	ŏr / Gūr
Wochen / Monate	semaines / mois	ßemä'n / mua'
Jahre / Jahrhunderte	ans / siècles	ã / ßjä'kle

Im Hotel

Haben Sie ein *freies* (nicht zu teures) Zimmer?	Avez-vous une chambre *libre* (pas trop chère)?	awewu' ŭn schäbre li'bre (pa trŏ schär)
Wir haben nichts frei.	Nous n'avons rien de libre.	nu nawŏ' rjä de li'bre
Wieviel kostet ein Zimmer mit Vollpension?	Que coûte une chambre avec pension complète?	ke kut ŭn schä'bre awä'k pãßjŏ' kŏplä't
Mit (ohne) Frühstück?	Avec (sans) le petit déjeuner?	awä'k (ßã) le pti de Gŏne'
Mit (ohne) Bedienung?	Service compris (non compris)?	ßärwi'ß kŏpri' (nŏ kŏpri')
Haben Sie ein Zimmer *mit Bad* (Balkon)?	Avez-vous une chambre avec *salle de bain* (balcon)?	awewu' ŭn schä'bre awä'k ßal de bã' (balkŏ')
Kann ich das Zimmer sehen?	Puis-je voir la chambre?	pŭi'Ge wuã'r la schä'bre
Ich möchte ein *anderes* (billigeres) Zimmer.	Je voudrais une *autre* chambre (chambre moins chère).	Ge wudrä' ŭnŏ'tre schä'bre (schä'bre muä' schär)
Ich bleibe *eine Nacht* (... Tage, ... Wochen).	Je reste une nuit (... jours, ... semaines).	Ge räßt ŭn nŭi' (Gūr, ßemä'n)
Wie lange gibt es Frühstück?	Jusqu'à quelle heure servez-vous le petit déjeuner?	Gŭßka' kälŏ'r ßärwewu' le pti deGŏne'
Ist Post für mich da?	Y a-t-il du courrier pour moi?	jati'l dŭ kurj' pur mua'
Ich bin in *einer Stunde* (zwei Stunden) zurück.	Je serai de retour dans une heure (deux heures).	Ge ßerä' de retūr' dãsŭnŏ'r (dŏsŏ'r)

Ich reise *heute abend* (*morgen früh*) ab.	Je pars *ce soir* (*demain matin*).	Ɠe pär ße ßuä'r (demã' matä')
Ich möchte um ... Uhr geweckt werden.	Voulez-vous me réveiller à ... heures.	wulewu' me rewäje' a ... ŏr
Schicken Sie meine Post bitte nach.	Voulez-vous faire suivre mon courrier à ...	wulewu' fär ßŭi'wre mŏ kurje' a
die Anmeldung (*Büro*)	la réception	la reßäpßjŏ'
die Anzahlung	l'acompte	lakŏ't
das Bad	le bain	le bã
der Balkon	le balcon	le balkŏ'
die Bedienung	le service	le ßärwi'ß
eine Beschwerde	une réclamation	ŭn reklamaßjŏ'
ein Doppelzimmer	une chambre à deux lits	ŭn schä'bre a dö li
ein Einzelzimmer	une chambre pour une personnè	ŭn schä'bre pur ŭn pärßŏ'n
ein Fahrstuhl	un ascenseur	ŏnaßäßŏ'r
das Gepäck	les bagages	le bagä'Ɠ
ein Gepäckträger	un porteur	ŏ pŏrtŏ'r
ein Handtuch	un essuie-main	ŏnäßŭimä'
der Hausdiener	le valet de chambre	le walä' de schä'bre
die Heizung	le chauffage	le schŏfä'Ɠ
eine Jugendherberge	une auberge de jeunesse	ŭnŏbä'rɠ de Ɠŏnä'ß
der Kellner	le garçon	le garßŏ'
ein Kopfkissen	un oreiller	ŏnŏräje'
der Parkplatz	le parking	le parking
der Portier	le concierge	le kŏßjä'rɠ
die Rechnung (*Hotel*)	la note	la nŏt
die Rechnung (*Kellner*)	l'addition	ladißjŏ'
der Schlüssel	la clef	la kle
der Speisesaal	la salle à manger	la ßalamãɠe'
die Toilette	le lavabo; le W.C.	le lawabŏ'; le dublewеße'
das Trinkgeld	le pourboire	le purbuä'r
das Waschbecken	la cuvette	la kŭwä't
das Zimmer	la chambre	la schä'bre
das Zimmermädchen	la femme de chambre	la fam de schä'bre

Im Restaurant, im Café

Wo kann man gut und nicht zu teuer essen?	Où peut-on bien manger et pas trop cher?	u pŏtŏ' bjä mãɠe' e pa trŏ schär
Bedienen Sie hier?	Servez-vous ici?	ßärwewu' ißi'
Herr Ober (*Fräulein*), die Speisekarte bitte!	*Garçon* (*Mademoiselle*), la carte, s'il vous plaît!	garßŏ' (madmuasä'l), la kart, ßilwuplä'
Ich möchte nur eine Kleinigkeit essen.	Je voudrais seulement un petit quelque chose.	Ɠe wudrä' ßŏlmä' ŏ pti kä'lke schŏs
Ich muß Diät essen.	Je dois suivre un régime.	Ɠe dua' ßŭi'wre ŏ reɠi'm
Ich möchte etwas, was sehr schnell geht.	Je voudrais quelque chose qui aille très vite.	Ɠe wudrä' kä'lke schŏs ki aj trä wit

92

Haben Sie offenen Wein?	Avez-vous du vin en carafe?	awewu' dŭ wã ã kara'f
Das habe ich nicht bestellt.	Je n'ai pas commandé ceci.	Ǥe ne pa kŏmăde' ßeßi'
Die Rechnung bitte!	L'addition, s'il vous plaît!	ladißjŏ', ßilwuplä'
Ist die Bedienung einbegriffen?	Le service est-il compris?	le ßärwi'ß äti'l kŏpri'
das Abendessen	le dîner	le dine'
Brot (eine Scheibe)	du (une tranche de) pain	dŭ (ŭn träsch de) pã
Butter	du beurre	dŭ bŏr
Eier	des œufs	desŏ'
Essig	du vinaigre	dŭ winä'gre
eine Flasche	une bouteille	ŭn butä'j
das Frühstück	le petit déjeuner	le pti deǤŏne'
eine Gabel	une fourchette	ŭn furschä't
Gebäck	de la pâtisserie	de la patißri'
das Gedeck	le couvert	le kuwä'r
die Getränkekarte	la carte des boissons	la kart de buaßŏ
ein Glas	un verre	ŏ wär
Honig	du miel	dŭ mjäl
Kaffee	du café	dŭ kafe'
eine Karaffe	une carafe	ŭn kara'f
der Kellner	le garçon	le garßŏ'
Kuchen	des gateaux	de gatŏ'
ein Löffel	une cuillère	ŭn kŭijä'r
Marmelade	de la confiture	de la kŏfitŭr'
ein Messer	un couteau	ŏ kutŏ'
das Mittagessen	le déjeuner	le deǤŏne'
die Nachspeise	le dessert	le deßä'r
Öl	de l'huile	de lŭi'l
Pfeffer	du poivre	dŭ pua'wre
eine Portion	une portion	ŭn pŏrßjŏ'
Sahne	de la crème	de la kräm
Salz	du sel	dŭ ßäl
Schinken	du jambon	dŭ Ǥabŏ'
Senf	de la moutarde	de la muta'rd
eine Serviette	une serviette	ŭn ßärwjä't
die Speisekarte	la carte	la kart
das Tagesgericht	le plat du jour	le pla dŭ Ǥūr
eine Tasse	une tasse	ŭn taß
Tee	du thé	dŭ te
ein Teller	une assiette	ŭnaßjä't
Torte	de la tarte	de la tart
ein Viertel	un quart	ŏ kār
die Vorspeise	le hors-d'œuvre	le ŏrdŏ'wre
die Weinkarte	la carte des vins	la kart de wã
Wurst	du saucisson; de la charcuterie	dŭ ßoßißŏ'; de la scharkŭtri'
Zucker	du sucre	dŭ ßŭ'kre

Zoll, Bank, Polizei, Post

der Ausweis	la carte d'identité	la kart didãtite'
der Brief	la lettre	la lä'tre
Briefkasten	boîte aux lettres	buãt õ lätre
Briefmarken	les timbres	le tã'bre
Deutschland	Allemagne	alma'nj
die Devisen	les devises	le dewï's
ein Dolmetscher	un interprète	õnãtärprä't
mit Eilboten	par exprès	par äkßprä'ß
ein Ferngespräch	une communication interurbaine	ŭn kŏmŭnikaßjõ' ãtärŭrbä'n
ein Formular	un formulaire	õ fõrmŭlä'r
mit Luftpost	par avion	par awjõ'
ein Ortsgespräch	une communication locale	ŭn kŏmŭnikaßjõ' lõka'l
ein Päckchen	un petit paquet	õ pti pakä'
ein Paket	un colis postal	õ kŏli' pŏßta'l
die Paßkontrolle	le contrôle des passeports	le kõtrõ'l de paßpŏ'r
die Polizeiwache	le poste de police	le pŏßt de pŏli'ß
das Porto	le port	le pŏr
eine Postanweisung	un mandat-poste	õ mãdapŏ'ßt
die Postkarte	la carte postale	la kart pŏßta'l
der Reisepaß	le passeport	le paßpŏ'r
ein Reisescheck	un chèque de voyage	õ schäk de wuajä'Ç
der Schalter	le guichet	le gischä'
das Telefonbuch	l'annuaire de téléphone	lanŭä'r de telefõ'n
eine Telefonmünze	un jeton de téléphone	õ Çetõ' de telefõ'n
die Telefonnummer	le numéro de téléphone	le nŭmerõ' de telefõ'n
ein Telegramm	un télégramme	õ telegra'm
eine Überweisung	un virement	õ wirmã'
die Unterschrift	la signature	la ßinjatŭ'r

Krankheit, Unfall, Medizin

Können Sie mir einen guten *Arzt (Spezialisten für ...)* empfehlen?	Pouvez-vous me recommander un bon *medecin (spécialiste pour ...)*?	puwewu' me rekŏmãde' õ bŏ mädßä' (speßjali'ßt pur)
Wann hat er Sprechstunde?	Quelles sont ses heures de consultation?	käl ßõ ßesŏ'r de kõßültaßjõ'
Wo ist die nächste *Apotheke (Unfallstation)*?	Où se trouve *la pharmacie (le poste de secours) la (le)* plus proche?	u ße trüw la farmaßi' (le pŏßt de ßkūr) la (le) plŭ prŏsch
Ich habe hier Schmerzen.	J'ai mal ici.	Çe mal ißi'
Wann soll ich wiederkommen?	Quand dois-je revenir?	kã dua'Çe rewnï'r
Wann (Wie oft) muß ich das einnehmen?	*Quand (combien de fois)* dois-je le prendre?	kã (kõbjä' de fua') dua'-Çe le prä'dre

94

Register

Bildnachweis: Umschlagfoto: Kreuzgang der alten Kathedrale Notre-Dame in Vaison-la-Romaine.
Bavaria-Verlag, Bildagentur, Gauting b. München (S. 45 o. und u., S. 52, S. 75). Albert Fauser, Tübingen (S. 78 re., S. 79 re.). Französisches Verkehrsamt, Frankfurt (S. 10, S. 27, S. 41, S. 49, S. 59 li., S. 64 li., S. 67, S. 71 re., S. 72 re., S. 73 li., S. 80). Margarete Graf, Tübingen (S. 3, S. 4, S. 56 o., S. 60 re.). Interfoto-Friedrich Rauch, München (S. 13). Institut für Auslandsbeziehungen, Stuttgart (S. 48 li., S. 59 re., S. 60 li., S. 66 li., S. 79 li.). Mauritius-Bildagentur, Mittenwald (S. 43). Bildarchiv Fritz Prenzel, Gröbenzell-München (S. 11, S. 53 li., S. 55, S. 66 re., S. 72 li., S. 73 re., S. 82). Süddeutscher Verlag, Bilderdienst, München (S. 14, S. 17, S. 19, S. 71 li., S. 78 li., S. 83 o. und u.).

Karten: Huber & Oberländer, München · *Illustrationen:* Ulrik Schramm

Druck: R. Oldenbourg, Graphische Betriebe GmbH, München